Criptomoneda

La Guía Definitiva Para El Comercio En Criptomonedas

(Aprendizaje Sistemático Acerca De Invertir Y Comerciar En Criptomoneda)

Ade Rael

Publicado Por Daniel Heath

© **Ade Rael**

Todos los derechos reservados

ISBN 978-1-989808-02-3

TABLA DE CONTENIDO

Parte 1

Introducción

Al momento de escribir este artículo, no es ningún secreto que Bitcoin ha hecho millonarios, incluso multimillonarios, de personas que llegaron temprano. En diciembre de 2017, su precio de mercado se disparó en al menos un 400% en solo 2 o 3 semanas, dejando a muchas personas ricas y felices o lamentándose por no haber tomado el riesgo antes.

Pero si también usted ha visto o leído las noticias últimamente, habría sabido que el precio de Bitcoin se desplomó desde su punto más alto hasta el disgusto de muchos de los que se montaron en la ola de Bitcoin un poco demasiado tarde desde diciembre hasta principios de enero. Bueno, esa es la naturaleza de las inversiones de alto riesgo: pueden ofrecerle rendimientos muy altos o causarle grandes pérdidas. Siempre ha sidoasí, inclusocon otras formas convencionales de inversión como divisas, acciones y negocios. Se trata de conocer su tolerancia al riesgo y hacer su tarea para que pueda aprovechar los rendimientos potencialmente enormes al tiempo que minimiza sus riesgos financieros. Entonces, independientemente de si se encuentra en un nivel alto o bajo, una nueva generación de inversiones a la que pertenece Bitcoin está aquí para quedarse. Y esa nueva raza son las criptomonedas.

Escribí este libro para que tenga una idea muy clara de lo que son las criptomonedas, cómo funcionan y las diferentes criptomonedas en el mercado (al menos las mejores) y cómo invertir en ellas. Cuando haya terminado de leer este libro, estará en una muy buena posición para tomar decisiones bien informadas con respecto a las criptomonedas, es decir, si invertir o no en ellas, cual criptomoneda invertir si decide invertir en ellas. , y cómo se debe proceder a invertir en criptomonedas.

Así que tome una buena taza de café o cualquier bebida favorita para leer, siéntese, relájese, pase la página y comencemos.

Capítulo 1 - Criptomoneda: ¿Qué es?

Al igual que con cualquier tema de aprendizaje nuevo, complicado o no, es mejor comenzar con lo básico antes de hablar sobre las cosas más atractivas. Así que comencemos con una definición básica y funcional de qué es una criptomoneda.

El término se compone de 2 palabras: cripto y moneda. El término cripto se refiere a una práctica llamada criptografía, que ayuda a garantizar que las transacciones digitales o en línea no solo sean legítimas, sino que también sean impermeables a los intentos de estafadores y piratas informáticos. Básicamente, la criptografía es un proceso de envío y recepción de mensajes donde los mensajes se codifican o cifran mediante códigos secretos que solo pueden ser decodificados o descifrados para que los destinatarios lospuedan interpretar correctamente. Con la criptografía, solo las partes involucradas en la actividad de comunicaciones pueden comprender los mensajes enviados y recibidos.

La segunda palabra, moneda, es obviamente una referencia a moneda de curso legal o una unidad de cambio o transacción, es decir, dinero. La criptomoneda no es una moneda física regular, sino que es digital y utiliza la criptografía para garantizar transacciones legítimas y prevenir el fraude. Por lo tanto, todas las transacciones que involucran criptomonedas emplean la criptografía como su método de facilitación.

En el siguiente capítulo, veremos qué hace que las criptomonedas sean únicas.

Capítulo 2 - ¿Qué hace que las criptomonedas sean únicas?

Anteriormente aprendimos que las criptomonedas emplean la criptología para facilitar y validar las transacciones. Las personas que crearon las criptomonedas que están en el mercado hoy en día utilizaron procesos matemáticos y de ingeniería muy avanzados para crear las reglas o protocolos que rigen las transacciones y la creación de nuevas unidades de sus criptomonedas. La complejidad de los protocolos hace que sea muy poco probable que infrinja y piratee la base de datos de las criptomonedas. Pero como verá más adelante, es algo totalmente diferente con los intercambios de criptomonedas, que son administrados y gestionados por otras personas que no están conectadas con criptomonedas específicas.

Ahora echemos un vistazo a las características generales de las criptomonedas que las hacen únicas de las monedas tradicionales que estamos usando ahora.

Descentralizado

Por naturaleza, las criptomonedas se consideran descentralizadas. Qué significa eso? Significa que el control y la gestión de su oferta y demanda no están en manos de una sola institución o autoridad gubernamental. Tomemos por ejemplo el dólar estadounidense o la libra esterlina. Para el dólar estadounidense, la Reserva Federal de los Estados Unidos es la única autoridad responsable de administrar y controlar su oferta y demanda, mientras que para la libra esterlina, es el Banco de Inglaterra. Estáncentralizados. Con lascriptomonedas, no hay Reserva Federal o Banco de Inglaterra. ¿Pero puede preguntar quién controla o controla su suministro? La respuesta es sus usuarios, junto con los programas o protocolos que están integrados en cada tipo de criptomoneda.

Las nuevas unidades de monedas regulares son acuñadas por las autoridades monetarias del gobierno.

Cuando se trata de criptomonedas, las nuevas unidades son acuñadas por un grupo de personas llamadas "mineros". Y sí, son adultos. Bromas aparte, los mineros son un grupo de personas con redes de computadoras muy poderosas que validan y registran transacciones de criptomonedas, cuyo resultado son nuevas unidades de una criptomoneda en particular. Nos ocuparemos de la minería con más detalle en el Capítulo 5 sobre Minería en Criptomonedas.

Independiente

Relacionado con su descentralización está su independencia. Esta característica particular es una espada de doble filo. ¿Por qué? Es porque, si bien puede ser usado para propósitos nobles, su autonomía lo convierte en un lugar ideal para que los elementos criminales laven su dinero. Considera esto.

Debido a su seguridad e independencia prácticamente irrompibles de la política, las criptomonedas son autónomas, fuera del alcance de cualquier autoridad reguladora gubernamental. Entonces,

¿cómo puede ser particularmente útil para sus usuarios?

Los activos regulares, como los bienes inmuebles y los valores financieros, pueden ser embargados, congelados o incluso confiscados por el gobierno porque están dentro de la jurisdicción del gobierno. Los activos de la criptomoneda no pueden ser ejecutados, congelados o confiscados por el gobierno porque es autónomo y está fuera de la jurisdicción de las autoridades. Y eso lo convierte en una salida ideal para el lavado de dinero para elementos criminales.

Convertible

Las criptomonedas también se pueden convertir en otras criptomonedas o incluso en monedas fiduciarias (regulares) como el dólar, la libra o el yen. La conversión se realiza en mercados en línea o plataformas de criptomoneda, donde una criptomoneda específica tiene su propio tipo de cambio en relación con otras monedas mundiales importantes. Pero estos intercambios o plataformas de criptomonedas no son tan seguros contra la piratería y, como tal, deberá poner en línea sus criptomonedas o monedas regulares cuando esté a punto de realizar transacciones. Hablaremos más sobre los intercambios de criptomonedas en el Capítulo 3 sobre cómo funcionan las criptomonedas.

Limitado

La mayoría de las criptomonedas que encontrará en el mercado hoy, si no todas, tienen límites de suministro predeterminados. Eso significa que una vez que el número predeterminado de unidades ya hayan sido acuñadas, no se crearán más debido a que las criptomonedas son monedas digitales, éstas tienen lo que se llaman "códigos fuente", que es similar a cualquier programa de computadora. Estos códigos fuente incorporan instrucciones específicas en una criptomoneda específica para que no se exceda el número exacto de unidades para esa criptomoneda. Entonces, una vez alcanzado este límite o límite máximo, los mineros de criptomoneda ya no pueden tener ningún incentivo para procesar o validar transacciones.

El hecho de que la oferta de la mayoría de las criptomonedas, si no todas, es limitada, las hace deflacionarias. La deflación es un término que es lo opuesto a la inflación, que se refiere al aumento de los precios de los bienes y servicios. Las monedas fiduciarias o regulares, por otro lado, tienen un potencial de suministro prácticamente ilimitado y lo único que impide que las autoridades monetarias impriman indiscriminadamente más y más de sus monedas locales es la inflación.

No es perfecto

Sí, las características únicas enumeradas en este capítulo pueden dar la impresión de que las criptomonedas son el vehículo de inversión perfecto. La verdad es que no lo son. Tiene su parte de posibles contratiempos y limitaciones que también deberá tener en cuenta al invertir en ellos.

Uno de ellos es la liquidez o para ser más precisos, la falta de ella. En términos sencillos, la liquidez se refiere a la capacidad de convertir un activo financiero no efectivo rápidamente en efectivo. Debido a que las criptomonedas siguen siendo "los artistasindependientes" de los mercados financieros, todavía no son aceptadas como un modo de pago convencional, lo que limita su potencial para comprar cosas. Antes de poder gastarlos en artículos del mundo real, primero tendrá que convertirlo en moneda fiduciaria o moneda corriente.

Así es como se ve la falta de liquidez en términos prácticos. Digamos que necesita pagar las tasas de matrícula de sus hijos hoy, pero prácticamente todo su dinero está en un tipo particular de criptomoneda. Debido a que aún no es un modo de pago aceptado, las posibilidades de que la escuela de sus hijos solo acepte efectivo, cheques o tarjetas de crédito son altas. Y debido a eso, su criptomoneda no cuenta como pago. Por lo tanto, deberá convertirlo a una moneda mundial importante, como el dólar estadounidense en el intercambio de monedas cifradas en que lo compró, y transferirlo a su cuenta bancaria local antes de poder retirarlo y pagar las tasas de matrícula de sus hijos. Es posible que pasen un par de días antes de que reciba la moneda fiduciaria, lo que conlleva el riesgo de que no pueda pagar la matrícula de sus hijos a tiempo.

Otro inconveniente potencial de las criptomonedas, que también puede ser su mayor aliado, es la volatilidad. Debido a que las criptomonedas son nuevos instrumentos financieros que no están regulados, los rendimientos potenciales basados en la apreciación del capital pueden ser bastante altos, pero también pueden colapsar en uno o dos días. Y además de ser nuevos, no están regulados, lo que los hace generalmente más riesgosos. Si usted es un inversor muy reacio al riesgo, es mejor evitar este tipo de inversión. Pero si tiene una alta tolerancia al riesgo financiero, entonces es algo que definitivamente debería pensar y considerar.

Finalmente, las criptomonedas también son vistas por muchos como una avenida "inmoral" o sombría para las inversiones financieras. ¿Por qué? Es porque ser un activo financiero independiente o autónomo; Es una avenida ideal para el lavado de dinero que proviene de fuentes no tan limpias. Pero, por supuesto, usted no es un lavador de dinero y no necesita demostrar su inocencia, ¿verdad? ¡Verdad!

Capítulo 3 –Funcionamiento de las Criptomonedas

Como se mencionó anteriormente, los principios de ingeniería matemática e informática sobre los que operan las criptomonedas pueden ser muy, muy complejos y técnicos. Eso significa que puede ser bastante difícil entender cómo funcionan realmente las criptomonedas. Pero eso no significa que la gente común como tú y yo no podremos entenderlo bien. El hecho de que esté escribiendo este libro significa que es totalmente comprensible y "posible". Y para que usted pueda hacer lo mismo, es decir, entender y comprender cómo funciona, una discusión sobre unos cuantos conceptos estánen este orden.

Cadena de bloques(El blockchain)

¿Recuerda cómo dije que las criptomonedas están descentralizadas porque todos sus usuarios pueden monitorear todas las transacciones para una criptomoneda en particular? En efecto, todas y cada una de las personas que han utilizado o invertido en una criptomoneda en particular se consideran los tenedores de libros de esa criptomoneda. ¿Cómo es eso posible?

A cada usuario se le entrega una copia actualizada del libro mayor maestro de una criptomoneda, que se conoce como la cadena de bloques. La cadena de bloques o blockchain es esencialmente un libro de contabilidad digital o libros de cuentas de todas las transacciones para una criptomoneda específica, que se distribuye a todos los usuarios de esa criptomoneda. Cuando se actualiza la cadena de bloques con nuevas transacciones, también se actualizan todas las copias distribuidas. Es como la contabilidad de multitudes.

Si bien todos los usuarios de una criptomoneda específica tienen una copia de su cadena de bloques y pueden monitorear todas las transacciones que la involucran, no todos tienen que validar todas las transacciones. Si ese fuera el caso, entonces llevaría meses o incluso años solo para validar una transacción, ¿en qué caso se puede imaginar el retraso?

Como se mencionó anteriormente, si estaba prestando atención, el trabajo de validación de las transacciones cae en manos de los mineros, quienes nuevamente son adultos, -juego de palabras. Y solo después de validar las transacciones, se pueden agregar a la cadena de bloques como registros o entradas oficiales.

Una cosa que hace que una cadena de bloques sea diferente de un libro contable es que las transacciones no se pueden revertir o corregir una vez que se validan y se agregan a la cadena de bloques. Como cada movimiento en un juego profesional de ajedrez, cada transacción ingresada en la cadena de bloques es un "movimiento táctil". Está listo, ¡es para siempre! Ahora, ¿quién dice que no hay para siempre, eh?

Y, por último, las unidades de criptomoneda que involucran transacciones que actualmente están siendo validadas ya están en espera en la cadena de bloques, lo queimpide que las partes involucradas, especialmente los vendedores, accedan a ellas. Esto garantiza que no se produzcan entradas dobles, ventas dobles ni gastos dobles.

Claves de criptomoneda

Al registrarse para una cuenta con una plataforma de criptomoneda, recibirá su clave única, es decir, una clave privada, que le permitirá realizar transacciones en una criptomoneda en particular. Puede crear su propia clave privada compuesta de 1 a 78 números o pedirle a un generador de números aleatorios que la invente. Sin embargo, lo desaliento mucho de usar un generador aleatorio porque hacerlo puede aumentar significativamente los riesgos de que olvide su clave privada o que la roben. Una vez que reciba su clave privada, ya puede comenzar a realizar transacciones en esa criptomoneda específica.

Una cosa que deberá tener en cuenta cuando se trata de las claves privadas de su criptomoneda es que siga siendo así: ¡privado! A diferencia de las otras contraseñas de su cuenta en línea que puede recuperar o reemplazar si las olvida, sus claves privadas son un acuerdo de una sola vez, es decir, no hay forma de recuperarlo o cambiarlo. ¡Su clave privada es su clave privada de por vida! Así que debes protegerlo con tu vida o con tus amigos si tienes miedo de morir.

Pero aparte de eso, espero que entiendas la seriedad de tener que proteger tus claves privadas una vez que las generas y recibes. Dicho esto, puede asegurarse de no perder nunca sus claves privadas escribiéndolas en dos hojas de papel y guardando esas listas en lugares muy seguros, como una caja fuerte a prueba de incendios y una caja de seguridad. De esa manera, aún puede recuperar sus claves privadas incluso si las olvida mientras mantiene bajos los riesgos de que su lista de documentos sea robada o destruida.

Capítulo 4 - La cadena de bloques

Como se mencionó anteriormente, La cadena de bloques es un libro de cuentas maestro digital de una determinada criptomoneda donde se registran todas las transacciones de esa criptomoneda. Además, también hablamos de que se actualiza para incluir todas las transacciones recientes y cómo se distribuye a todos sus usuarios. Pero, ¿cómo funciona realmente? En este capítulo, hablaremos de ello con más detalle

El Bloque

La cadena de bloques se compone de 2 palabras: bloque y cadena. Así que la forma más sencilla de definir técnicamente el término es esta: es una serie de bloques que están encadenados o enlazados entre sí. Esto plantea la pregunta: ¿cuáles son esos "bloques"?

Los bloques se refieren a las transacciones para una criptomoneda en particular. Para ser más específicos con nuestra definición técnica anterior, una cadena de bloques es una colección de todas las transacciones para una criptomoneda en particular. Es una cadena formada por muchos "bloques" de transacciones.

Para ser más técnicos al respecto, La cadena de bloques se puede definir como un libro digital de transacciones económicas que es incorruptible y se puede usar no solo para transacciones financieras sino también para todo lo que tenga valor, según Alex y Don Tapscott, que escribieron el libro definitivo de La cadena de bloques titulado Blockchain Revolución. Otra definición de La cadena de bloques, según Steve Wilson de ZDNet fame es esta: es una estructura de datos distribuida y un algoritmo que se utiliza para administrar el dinero electrónico sin la necesidad de un administrador o gerente central entre usuarios o personas que ni siquiera se conocen, además Steve Wilson dice que la cadena de bloqueses una forma especial de lo que se denomina Tecnologías de Libro Mayor Distribuido. ¿Y no es eso lo que realmente es la cadena de bloques: un libro maestro digital de todas las transacciones distribuidas entre los miembros de una criptomoneda en particular?

Y lo que hace que la cadena de bloques sea aún más interesante ahora que ha llegado la nueva ola de pagos electrónicos e inversiones, es que la arquitectura en la que se fundó la criptomoneda Bitcoin fue rechazada inicialmente por las instituciones financieras más grandes. Parece que el blockchain, gracias al éxito masivo de Bitcoin y otras monedas alternativas (criptomonedas alternativas), ha regresado para morder a aquellos que lo han rechazado. Hablar de venganza y vindicación.

Ciberseguridad y cadena de bloques

Si bien la cadena de bloques es una tecnología segura, no es perfecta. Al igual que las bases de datos de las instituciones más grandes del mundo, puede ser hackeado. Caso en cuestión: la piratería de una importante plataforma de criptomoneda Bitfinex en agosto de 2016, donde se piratearon y robaron más de $ 730 millones de Bitcoins (¿ahora sabe por qué recomiendo usar una billetera de almacenamiento en frío?). Si bien aún no está claro cómo se pirateó la plataforma, lo cierto es que las cuentas de firmas múltiples de Bitfinex se volvieron vulnerables en algún momento.

Pero a pesar de las relativamente pocas brechas de seguridad con los principales intercambios de criptomonedas, la tecnología cadena de bloques continúa siendo una tecnología de administración de datos generalmente segura y está siendo utilizada por un número cada vez mayor de instituciones para mejorar sus propios esfuerzos de administración de bases de datos. ¿Cómo?

Según Chris Wiltz, de Design News, dijo que la solución para los equipos que desean garantizar la seguridad de sus redes y bases de datos no es acumular más y más capas de autenticación. La solución está en distribuir la autenticación. Y eso es lo que la cadena de bloques es, es decir, un libro mayor maestro encriptado de transacciones que se distribuyen entre todos los usuarios de una criptomoneda en particular. Al distribuir los registros maestroso el libro mayor, se crea una red de autenticación que se puede verificar y no se puede hackear (piratear) fácilmente.

Una vez que se implementa una cadena de bloques, un dispositivo no puede acceder a la red hasta que se haya verificado en toda la cadena de bloques o el libro mayor. Los piratas informáticos tendrán un tiempo muy difícil, si no imposible, para piratear una red porque para hacerlo, necesitarían modificar toda la cadena de bloques y no solo las credenciales de un solo dispositivo.

Para ser más específicos, la tecnología blockchain (cadena de bloques) tiene 3 ventajas clave de ciberseguridad, como explica Jill Richmond de NASDAQ: la capacidad de bloquear el robo de identidad, la capacidad de evitar la manipulación de datos y la capacidad de detener los ataques DDoS (denegación de servicio distribuida) . Según ella, la tecnología blockchain proporciona un enfoque holístico de la seguridad cibernética, que incluye la seguridad de las identidades de los usuarios, la seguridad de la infraestructura de comunicaciones y transacciones, la seguridad de la empresa como empresa a través de auditoría y transparencia, y la seguridad frente a fallas de servidores, nodos comprometidos. , y miembros maliciosos de una institución.

Capítulo 5 - Minería de Criptomoneda

Cuando la gente habla de minería en el contexto de las criptomonedas, se refiere a un método utilizado para validar transacciones que ya se han realizado en una red de blockchain específica. A través del cifrado de datos, la cadena de bloques no solo funciona para proteger los datos pertenecientes a transacciones de una criptomoneda específica, sino que también distribuye los datos a todos los usuarios de esa criptomoneda. Al hacer esto, la tecnologíacadena de bloques (blockchain) garantiza que las unidades de criptomoneda nunca se gasten más de una vez (evita el gasto múltiple de las mismas unidades o tokens) y también evita que una sola persona o grupo controle la red. En esencia, la minería de la criptomoneda consiste en garantizar que las transacciones de la criptomoneda sean verdaderas y precisas, y que nunca se vean comprometidas.

El proceso de minería

Este proceso utiliza un modelo específico para validar transacciones conocidas como "prueba de trabajo" o PoW (sus siglas en ingles). Bajo este modelo, los mineros (personas, grupos de personas o empresas establecidas) usan sus computadoras o una red de computadoras de alta potencia para resolver algoritmos complejos y ecuaciones matemáticas antes que sus competidores. La resolución de algoritmos y ecuaciones es parte del mecanismo de cifrado, en particular la parte de descifrado. Una vez que un minero o un grupo de mineros resuelven un lote o grupo de algoritmos o ecuaciones asociadas con transacciones de criptomoneda, esas transacciones se validan y se ingresan en la cadena de bloques. Y por su trabajo, son recompensados con unidades recién acuñadas de una criptomoneda en particular. Esto a menudo se conoce como una "recompensa de bloque".

Para tener una idea de qué tan lucrativo puede ser esto, considere que la recompensa promedio de bloque para Bitcoin es actualmente 12.5 tokens o unidades. Con el precio de Bitcoin rondando los $ 10,000 por unidad al momento de escribir este artículo, ¡los mineros que pueden resolver exitosamente las ecuaciones de un bloque de transacciones de Bitcoin son recompensados con hasta $ 120,000! No está mal para el trabajo duro hecho completamente por las computadoras, ¿eh?

El modelo de prueba de trabajo tiene su parte de preocupaciones. Uno de ellos es el consumo de electricidad, que es enorme. La minería delas criptomonedas requieren enormes centros informáticos equipados con buenas computadoras, con chips muy potentes que consumen una gran cantidad de electricidad. Independientemente de si la electricidad es barata o costosa en el área donde se ubican las computadoras o los centros mineros, la cantidad de electricidad consumida puede resultar un drenaje significativo para las redes eléctricas locales, especialmente para las más pequeñas.

Otra preocupación con el modelo POW

(prueba de trabajo) essu vulnerabilidad, particularmente en su seguridad. Esto es más aplicable a las criptomonedas más nuevas y más pequeñas (valor unitario y de mercado)para ser más específicos, es mucho más fácil para cualquier individuo o grupo con un cofre de guerra suficientemente grande (George Soros, alguien lo conoce?) obtener el control de la mayoría de las unidades de criptomonedas más pequeñas y en el proceso tomar esa criptomoneda y su rehén cadenade bloques. Para las criptomonedas con grandes redes como Bitcoin, Litecoin y Ethereum, esto no será un problema porque se necesitaría una suma enorme (y estoy hablando de miles de millones y billones) de poseer más del 50% de estos Criptomonedas en red.

Si bien el proceso de minería para todas las criptomonedas es prácticamente el mismo en su forma de trabajar, existen diferencias en los tipos específicos de equipos utilizados. En particular, estas diferencias están en la potencia de cálculo de los chips utilizados para resolver las complejas ecuaciones matemáticas y algoritmos necesarios para validar y autenticar transacciones. Para los mineros de Bitcoin, solo los chips más potentes funcionarán debido a la complejidad de los algoritmos de Bitcoin, siendo la cadena de bloques de criptomonedas más antigua y más grande que existe. Para las criptomonedas relativamente nuevas cuyos algoritmos y ecuaciones matemáticas no han alcanzado la complejidad de Bitcoin aún, se pueden usar computadoras menos potentes

Prueba de participación PoS (siglas en ingles de Proof of Stake)

Este es el competidor más cercano del modelo de PoW de minería de criptomonedas. ¿Cómo es eso? Por un lado, no hay necesidad de usar computadoras ultra-potentes que consumen una gran cantidad de electricidad. Y si desea ingresar a la minería de criptomoneda para ganar buen dinero, ¡esto significa que no tiene que comprar computadoras muy caras y poderosas para hacerlo! ¡Qué lujo!

La forma en que funciona PoS es que los usuarios o partes interesadas de una criptomoneda particular obtengan derechos aleatorios para autenticar o validar transacciones. Esto significa que no tienes que competir con otros en una carrera loca para resolver ecuaciones y validar transacciones. Esto significa que no tienes que competir con otros en una carrera loca para resolver ecuaciones y validar transacciones. ¿Y cuáles son sus posibilidades de recibir tales derechos aleatorios? Depende de la cantidad de criptomoneda que posea. Es como unirse a un sorteo: cuantas más entradas tenga, más posibilidades tendrá de ganar. En este caso, mayores serán las posibilidades de ser elegido para validar bloques de transacciones.

Otra forma en que es diferente del modelo de PoW son las recompensas. Los mineros bajo un protocolo PoS no reciben recompensas en bloque o unidades de criptomonedas recién acuñadas. Lo que recibirán en su lugar son tarifas agregadas en las transacciones validadas o autenticadas.

En términos de ventajas sobre la plataforma PoW, una cosa está clara: ¡es mucho más barato! Como se mencionó anteriormente, no tener que competir con otros mineros y superarlos hace que las computadoras muy poderosas e ineficientes con la energía sean irrelevantes. Dicho esto, ¡también es mucho más verde!

Pero como con todas las cosas grandes y hermosas en este mundo, el modelo de PoS no es perfecto. La única crítica más grande para el modelo de PoS es el control. Dicho esto, las personas u organizaciones que tienen una gran participación o propiedad de una criptomoneda específica pueden controlar o influir en gran medida en su dirección futura. En comparación con el método o modelo de PoW donde hay una gran cantidad de descentralización, ya que incorpora las opiniones de muchas personas en una red grande, el modelo de PoW puede comprometer hasta cierto punto la naturaleza descentralizada de las redes de criptomonedas al darles a los inversores relativamente más grandes la oportunidad para controlar o influir en la forma en que irá una criptomoneda específica. Es prácticamente imposible para los chicos grandes como Bitcoin, Ethereum, Ripple, Litecoin y todas las demás criptomonedas en gran parte capitalizadas. Pero para las monedas alternativas relativamente nuevas que todavía son pequeñas en capital de mercado, este es un peligro muy real.

Capítulo 6 - Las mejores criptomonedas en el mundo

Invertir en criptomonedas no es poca cosa ¿por qué? por un lado, es una clase relativamente joven de activos financieros y como tal sus riesgos financieros son relativamente más altos en comparación con los activos financieros tradicionales como acciones, bonos y monedas, entre otros. Otra razón por la que invertir en criptomonedas no es algo que deba tomarse a la ligera es el hecho de que a diferencia de las rosas, una criptomoneda con cualquier otro nombre no necesariamente huele tan dulce. Debe saber cuáles de las más de 100 criptomonedas en el mercado tienen un menor riesgo de fracaso de inversión y cuáles son muy muy riesgosas.

Existen criptomonedas que son muy, muy seguras y establecidas y que tienen como base sus metodologías probadas de la cadena de bloque. Sin embargo, existen aquellos que simplemente fueron "creados" con la intención muy "noble" de burlarse de todo el género de inversión de las criptomonedas. Otros más fueron creados para estafar a los inversores de su dinero duramente ganado. Y por supuesto, hay los que son sinceros y puros en intenciones, pero debido a que son relativamente oscuras, no hay mucha gente que invierta en ellas y como resultado se han convertido en algo sin valor.

Una cosa que debe recordar acerca de invertir en criptomonedas es que sus precios de mercado son tan estables como la mente de los lunáticos. Como puede ver con los precios de Bitcoin es posible ganar 4 veces su inversión original en tan solo unas semanas, así como perder la mitad en el mismo período. Dicho esto, si la idea de alto riesgo financiero es algo que hace que tu estómago se revuelva y vomites, piénsalo bastante antes de continuar. Pero si te sientes cómodo con las inversiones de alto riesgo, sigue leyendo.

En este capítulo, ayudaré a que su elección de criptomoneda sea mucho más sencilla al limitar sus posibles elecciones a unas pocas establecidas: la crema de la cripto-cosecha, por así decirlo. Los factores que se consideraron al incluir las siguientes criptomonedas en este capítulo son la reputación, la liquidez, la actividad del desarrollador y la comunidad, entre otros.

Bitcoin

Este es un pan comido, ¿eh? Pero, sin embargo, Bitcoin sigue siendo un misterio para las multitudes que ya han oído hablar de él. Así que hablemos de eso ahora.

Bitcoin es el abuelo de todas las criptomonedas. Es el pionero, el pionero, el original ... fue el primero en nacer de los hermanos en criptomoneda. Y en virtud de ser el más antiguo en el campo, también es el que tiene más logros. Y uno de ellos se está cotizando en la Bolsa Mercantil de Chicago (CME) en diciembre de 2017. En realidad, no se trata de Bitcoins que figuraban en la CME, sino de contratos de futuros u opciones donde los Bitcoins eran los activos subyacentes. Y para el Chicago Mercantile Exchange, uno de los mayores intercambios de futuros y opciones en el mundo, permitir que los contratos de futuros con Bitcoins como activos subyacentes se negocien en su plataforma es un testimonio de la confianza en los activos subyacentes en sí mismos: los Bitcoins. Si eso no es un indicador de una reputación muy sólida, no sé qué es.

El enorme aumento en los precios de mercado de Bitcoin hizo que su capitalización de mercado fuera tan grande que incluso si combinara los valores de mercado de todas las monedas alternativas en el mercado, es decir, criptomonedas alternativas, Bitcoin aún sería más grande. Y teniendo en cuenta que es la criptomoneda más aceptada en términos de método de pago, no debe haber ninguna duda acerca de que Bitcoin es el principal agente en la pluma de criptomonedas.

Ethereum

Esta moneda - alt o moneda alternativa es la segunda criptomoneda más importante del mundo. Una de las razones es la capitalización de mercado, que fue un poco menos del 50% de la capitalización de mercado de Bitcoin en septiembre de

2017. Ethereum tiene poco más de 2 años y es interesante notar que esta fue la creación de uno de los Programadores pioneros detrás de Bitcoin. Este programador estaba algo descontento con algunas características operativas de la criptomoneda pionera, así que hizo algo al respecto: creó una nueva. También se denomina "éter" y, como inversión, puede ser un muy buen activo a considerar, pero si desea utilizarlo como un método de pago alternativo, olvídelo a partir de ahora. ¿Por qué? Sólo unos pocos comerciantes aceptan Ethereum como pago.

Entonces, aparte de la capitalización de mercado, ¿por qué más debería considerar a Ether para invertir? Seguridad, particularmente su blockchain único que fue creado para ejecutar contratos inteligentes, que son un conjunto de protocolos únicos que aseguran las negociaciones y el desempeño del contrato. Habla de que es realmente inteligente, ¿eh?

Para tener una mejor apreciación de la impresionante cadena de bloques de Ethereum, en realidad se diseñó más para contratos comerciales que se aplican en línea y menos para almacenar valor y facilitar las transacciones, aunque también se puede usar bien para este último. Pero debido a que se programó más para la ejecución de contratos en línea, automáticamente anula los contratos tan pronto como una parte no cumple con sus obligaciones en el contrato.

Litecoin

En 2011, un ex empleado de Google decidió desafiar a Bitcoin. Charles Lee creó Litecoin en 2011, lo que no es sorprendentemente similar a Bitcoin, ya que este último fue la inspiración para su creación. Su similitud con Bitcoin incluye ser usado como pago por bienes y servicios y minería.

Monero

Esta criptomoneda es el verdadero líder en términos de anonimato porque otorga más importancia a la privacidad del usuario en comparación con Bitcoin mediante el uso de la firma de anillo, que es una tecnología muy efectiva para mantener la identidad del usuario segura y prácticamente imposible de rastrear. Entonces, si tu identidad es tan secreta como la de Superman, Spiderman y Batman, entonces Monero puede ser la criptomoneda para ti.

Ripple

Ripple puede ser la criptomoneda más aceptada en términos de transacciones con las principales instituciones financieras, incluso más aceptada que Bitcoin. Es un sistema de liquidación en tiempo real, un sistema de cambio de divisas y un sistema de remesas que ya se está utilizando en varias redes bancarias y de pago. Dada su penetración más profunda en los principales mercados financieros, muchos expertos creen que no pasará mucho tiempo antes de que Ripple supere a Bitcoin y que Ripple sea como el principal agente en el mercado de la criptomoneda.

Bitcoin Cash

Durante un breve periodo de tiempo en 2017, un desacuerdo entre los adoptantes de Bitcoin resultó en lo que se conoce en los mercados de criptomonedas como un "tenedor" en la cadena de bloques de Bitcoin. Esto se refiere a una horquilla (bifurcación) en términos sencillos... De ese tenedor surgió un Nueva variante de Bitcoin: un amor de niños, si se quiere, que utilizó una nueva cadena de bloques con un nuevo conjunto de reglas. Esta creación fue bautizada como Bitcoin Cash. Y desde su creación a finales de 2017, Bitcoin Cash (BCH) ya ha subido de nivel. De las 10 mejores criptomonedas en el mundo sin competir realmente con su matriz, Bitcoin.

Cardano

Esta criptomoneda es similar a Ethereum en que es una plataforma para recibir y enviar dinero digital y que su objetivo es ejecutar aplicaciones descentralizadas en su blockchain. Una razón altamente posible de su similitud con Ethereum es el hecho de que fue creado en 2015 por Charles Hopkinson, cofundador de Ethereum. Y dado que casi toda (el 95%) su oferta inicial de monedas o ICO (equivalente a OPI para acciones) fueron de Japón, se ha calificado como el Ethereum japonés.

También tiene una de las cadenas de bloques más seguras del mundo. ¿Por qué? Está gestionado por académicos y científicos de todo el mundo cuya especialización es…-usted lo has adivinado- la tecnología de cadena de bloques.

Stellar

Si desea hablar sobre los retornos históricos, Stellar es el principal agente en 2017. Si los precios de Bitcoin aumentaron más del 500% en 2017, ¡Stellar's ha crecido hasta un 29,400% el año pasado! ¡Guauu!

Stellar es también un amante de la vida como Bitcoin Cash, siendo un hijo de Ripple. Nació en 2014 y fue concebido por el ex abogado y cofundador de Ripple, Jouce Kim y Jed McCaleb, respectivamente, luego de haber estado en desacuerdo con otros cofundadores y principales miembros de Ripple. Y al igual que su padre, Stellar es tan eficiente y rápido en la transferencia de fondos a diferentes países.

Capítulo 7 - Ventajas y Desventajas: Cripto-Inversión

Antes de decidir si invertir o no en criptomonedas, considere primero sus pros y sus contras. Esto es para minimizar los riesgos de un profundo arrepentimiento si las cosas no salen bien, independientemente de si decide subirse al carro de la criptomoneda o si decide pasarlo.

Ventajas

La volatilidad es una de las ventajas más evidentes de la inversión en criptomoneda. ¿Por qué la volatilidad es algo tan bueno? Considere este principio básico de inversión: cuanto mayor sea el riesgo (volatilidad), mayor será el rendimiento posible o esperado. No hay forma de evitarlo: si quiere ganar mucho de sus inversiones, tendrá que sentirse cómodo asumiendo mayores riesgos. Y los precios del mercado de la criptomoneda pueden proporcionarle suficiente volatilidad para hacerte rico en un corto período de tiempo o tal vez no.

Es por eso que muchos inversionistas experimentados o los comercializadores (compra y venta) tienen un dicho: la volatilidad es su amigo. La volatilidad ofrece la oportunidad de rendimientos muy atractivos. Sin volatilidad, debe conformarse con rendimientos mediocres o incluso muy bajos. Si no me cree, consulte las tasas de interés de los depósitos bancarios o las tasas de rendimiento anuales promedio de los títulos públicos, que se consideran inversiones muy poco riesgosas. No se sorprenda si encuentra tasas de retorno de menos del 1%, ¡y eso es anual!

Otra**Ventaja**de las criptomonedasde invertir o comercializar (comprar y vender) es la edad relativamente joven del mercado. Con la juventud viene un gran potencial para un gran crecimiento en el futuro. Y si también se tiene en cuenta el enorme aumento en la aceptación del mercado y la perspectiva de las criptomonedas como resultado del éxito y la popularidad masiva del Bitcoin, estará considerando la posibilidad de disfrutar de enormes ganancias comerciales (a corto plazo) y de apreciación del capital (a largo plazo). Si cree que su apetito por los riesgos financieros es relativamente alto, entonces la inversión en criptomonedas o su comercialización (Traiding) puede ser lo mejor para usted.

Otra razón para invertir en criptomonedas es la alta posibilidad de que se conviertan en una forma de pago alternativa ampliamente aceptada para bienes y servicios. Tal como está ahora, Ripple y Bitcoin están avanzando mucho en esa área de las finanzas principales. Es muy posible que a medida que Ripple y Bitcoin se integren completamente en el sistema financiero principal, cada vez más criptomonedas pueden seguir su ejemplo. Entonces, si no puede reducirlo en términos de ganancias, entonces al menos tiene una forma alternativa de pagar bienes y servicios en el futuro.

Finalmente, otra**ventaja** para invertir en criptomonedas, una que no es necesariamente financiera, es el entusiasmo. ¡Lo que mucha gente no daría de nuevo para sentirse vivo con emoción y anticipación! Aparte de los beneficios potenciales, solo la sensación de estar emocionado por algo de nuevo puede hacer que valga la pena invertir en criptomonedas.

Posibles Desventajas

Oh sí, las criptomonedas no son perfectas. Tiene su propia cuota de desventajas potenciales, que pueden ser bastante importantes. Y la primera desventaja posible es también su principal **ventaja** en términos de la posibilidad de obtener enormes beneficios de la inversión: la volatilidad, casopuntual - otra vez: el Bitcoin.

Sí, los precios del Bitcoin aumentaron en más de un 400% en solo un par de semanas en diciembre de 2017. Pero si lo siguió en enero y febrero, sus precios se desplomaron en más del 40% ,desde su máximo histórico en diciembre de 2017. Para los débiles de corazón esta es una pesadilla potencialmente fatal. Pero para aquellos que aceptan el hecho de que la volatilidad es, de hecho, el amigo del inversor que busca rendimientos muy atractivos, no es una desventaja. Entonces, piense cuidadosamente sobre quién es usted: ¿el inversor con aversión al riesgo o el inversor con agallas? Hmmm

Pero incluso si eres reacio al riesgo, puedes hacer algo para mitigar o minimizar el posible impacto en tus finanzas. Si bien es posible que no tenga ningún control sobre su riesgo de precio, es decir, la posibilidad de perder dinero debido a movimientos de precios adversos, puede controlar el monto de su posible pérdida en caso de que el mercado baje. ¿Cómo?

Invierte solo una cantidad que te resulte cómodo perder. Esto significa que no debe retirar todas sus inversiones en otros activos menos riesgosos ni vender su casa por dinero de inversión semilla. Al limitar sus inversiones a tal cantidad, podrá colocarse en una posición para obtener rendimientos atractivos de la criptomoneda (si el mercado oscila a su favor) o en caso de que se caiga, las pérdidas no lo afectarán sustancialmente. .

Y hablando de pérdidas, otra forma en que puede mitigar el posible impacto en sus finanzas, en caso de que los precios de sus criptomonedas bajen, es invertir dinero que sabe que no necesitará usar durante mucho tiempo. Si lo hace, puede darse el lujo de esperar a que se recuperen los precios de sus criptomonedas. Si invierte dinero que podría necesitar dentro de 3, 6 o 12 meses, es posible que tenga que vender sus criptomonedas con pérdidas, mientras que sus precios aún no se hayan recuperado. Ahora eso sería una verdadera pérdida. Mientras los mantenga en su podercuando los precios aún están bajos, solo son pérdidas "de papel" o "de mercado", es decir, pérdidas teóricas basadas en el valor de mercado actual.

La edad generalmente joven del género de criptomoneda, que es una de sus ventajas, también puede ser una desventaja potencial. ¿Por qué? Contribuye al riesgo relativamente alto de las criptomonedas en general, por lo que es un riesgo aún mayor. Y si no se siente cómodo asumiendo mayores riesgos financieros que los tradicionales, sin duda será una gran desventaja para usted. Pero esta desventaja potencial se puede mitigar o reducir de alguna manera para que no tenga que asumir riesgos financieros muy altos. ¿Cómo?

Se adhieren a las principales criptomonedas ya en circulación, que abordamos en el capítulo anterior. Especialmente para las criptomonedas de mayor capitalización y larga duración, como Bitcoin, Ethereum y Litecoin, sus riesgos de plegarse o caerse en el precio son muchos menores en comparación con las criptomonedas más pequeñas y capitalizadas en el mercado, relativamente más pequeños, cuyos creadores no son tan conocidos en la comunidad. Pero al hacerlo, puede reducir sustancialmente sus riesgos financieros, también pueden disminuir sus ganancias esperadas o potenciales. Pero, de nuevo, sus ganancias potenciales aún pueden ser mucho más altas que los activos financieros tradicionales existentes.

La última desventaja o contra posible cuando se invierte en criptomonedas es, en general, cambios en la posición de las autoridades reguladoras y políticas que pueden tener un gran impacto en sus inversiones en criptomoneda. ¿Qué quiero decir con esto? Tomemos el caso de los precios de Bitcoin y las autoridades reguladoras chinas. Cuando las autoridades monetarias chinas simplemente hablaron sobre cómo están abiertas a la posibilidad de prohibir todas las actividades de financiación colectiva cuyos objetivos son recaudar fondos para nuevas criptomonedas, los mercados reaccionaron. En particular, los precios promedio de mercado de los Bitcoins cayeron hasta un 20% en tan solo unas pocas horas de negociación poco después de esa declaración. Teniendo en cuenta la falta de una relación de trabajo sólida entre las criptomonedas y las autoridades monetarias en este momento, es muy posible que los desarrollos futuros en el entorno regulatorio de las principales economías como los de Estados Unidos, Reino Unido, China y Rusia puedan causar pánico en los inversores. , deshacerse de sus tenencias, y dar lugar a fuertes caídas de precios para las criptomonedas.

Capítulo 8 - Pautas de inversión para principiantes

Ok, esto es todo. Hemos cubierto los fundamentos básicos de las criptomonedas para que pueda tomar mejores decisiones de inversión si decide intentarlo. Y cuando se trata de una inversión exitosa, su tasa de éxito está directamente relacionada con cuánto sabe sobre el activo en el que planea invertir.

Pero tenga en cuenta que nunca encontrará una estrategia o táctica "segura" para invertir en activos financieros. Incluso los gurús de la inversión más venerados como Warren Buffet y George Soros no tienen registros perfectos. Sin embargo, tienen un historial muy bueno de victorias significativamente mayores que pérdidas, lo que los coloca entre los administradores de fondos más importantes de la historia mundial. Así que busca más victorias que pérdidas, eso es más realista. Y no se desanime si sus inversiones no producen los rendimientos deseados al principio del juego. Hay una curva de aprendizaje para todos los principiantes, después de todo.

Si realmente desea optimizar sus posibilidades de ganar dinero con éxito con las criptomonedas, es importante comenzar primero con una vista macro: el panorama general. A partir de ahí, comience a reducir su ruta y las opciones a las criptomonedas. Su capacidad para tomar decisiones acertadas de inversión en criptomoneda dependerá en gran medida de qué tan consciente esté del lugar que ocupa su inversión en criptomoneda en el gran esquema de las cosas en su vida.

Una vista macro

Antes de que incluso busque en qué criptomoneda invertiría o cambiaría, quiero que primero vea cómo encajarán sus inversiones en el gran esquema de su vida. Por ejemplo, ¿por qué quieres invertir en criptomonedas? ¿Cómo crees que puede mejorar tu vida? ¿Está buscando comenzar a invertir en activos que generarán una tasa de rendimiento anual mínima del 10% para poder jubilarse solo a la edad de 55 años? ¿O está buscando medios de inversión que le permitan ganar al menos un 15% anual en su capital, por lo que en 15 años, tendrá suficiente dinero para la educación universitaria de su hijo recién nacido?

Cuando sepa su "por qué", será mucho más fácil para usted tomar decisiones financieras, por ejemplo, ¿debería elegir Bitcoin o las criptomonedas más nuevas pero más riesgosas? Saber por qué automáticamente le da un límite o umbral para inversiones y pérdidas. No tendrá que hacer una tesis y miles de análisis de escenarios solo para determinar en qué criptomoneda invertir y cuánto invertir en ellos.

Los mejores objetivos y sueños de su vida son los mejores lugares y los mejores sueños y sueños de su vida. Cuando realmente piensas en ello, ganar un montón de dinero no suele ser el principio y el final de todas las cosas. Una tasa de rendimiento anual promedio de las inversiones del 20% no es el elemento real en su lista de valores, pero es una de sus herramientas más importantes para lograr esos elementos de la lista de valores. Cuanto mayor sea la importancia de su objetivo por el cual planea invertir dinero, más importante será optimizar sus rendimientos y al mismo tiempo mitigar los riesgos.

Aquí hay un claro ejemplo de lo que estoy hablando. Digamos que te quedan 10 años antes de la jubilación. Según las estimaciones de su asesor financiero, deberá tener al menos $ 500,000 en efectivo para poder invertir a una tasa promedio anual del 10% para todos sus gastos de vida (más un poco más) para los próximos 20 años de jubilación. ser reunidos. Teniendo en cuenta que solo tienes 10 años más para la jubilación, no tienes el lujo de gastarte todo en tus inversiones porque si pierdes una cantidad sustancial de eso, no tienes mucho tiempo para recuperar tus pérdidas.

En este caso, sería prudente invertir a lo sumo aproximadamente el 15% de su dinero invertible en este momento en activos relativamente riesgosos como acciones de crecimiento, derivado y criptomonedas. A partir de ahí, ya tiene una guía establecida sobre cuánto invertir en las criptomonedas y otros activos financieros. Y si es mucho más joven, digamos que le quedan 35 años más antes de la jubilación, entonces puede invertir un mayor porcentaje de sus fondos de inversión en activos de mayor riesgo, como criptomonedas, porque en el caso de su tanque de inversiones, tiene mucho tiempo para recuperar sus pérdidas y más.

Promedio de devoluciones

Sería un hipócrita decir que las tasas de

rendimiento esperadas de diferentes activos financieros no importan. ¡Por supuesto que sí! Sus posibilidades de lograr con éxito sus objetivos de inversión y lograr su lista de deseos son mucho más bajas si no le da mucho peso al retorno de la inversión estimado al elegir sus inversiones financieras. Pero basta con decir que no debería ir solo por aquellos que tienen las tasas de rendimiento promedio más altas, porque como hemos hablado anteriormente, cuanto más alto es el rendimiento esperado, mayor es el riesgo financiero. Y si el riesgo se materializa, es probable que pierda la mayor cantidad de dinero de los activos que tienen los rendimientos anuales más altos esperados o un rendimiento promedio anual.

Dicho esto, hay otra relación que deberá tener en cuenta antes de elegir en qué activos financieros invertir en función del rendimiento. La relación es la siguiente: dada una cantidad objetivo de dinero en el futuro, cuanto más bajo sea el rendimiento promedio esperado, mayor será la cantidad de dinero que tendrá que invertir ahora. ¿Cómo se ve en términos prácticos?

Digamos que desea tener $ 100,000 al final de los 12 meses y está eligiendo entre las inversiones A, B y C, que tienen una tasa de rendimiento anual promedio del 10%, 8% y 7%, respectivamente. Para tener $ 100,000 al final de los 12 meses, deberá invertir los siguientes montos en las inversiones A, B y C:

Inversión A = $ 100,000 ÷ (100% + 10%)
Inversión A = $ 100,000 ÷ 110%
Inversión A = $ 90,909.10

Inversión B = $ 100,000 ÷ (100% + 8%)
Inversión B = $ 100,000 ÷ 108%
Inversión B = $ 92,592.59

Inversión C = $ 100,000 ÷ (100% + 7%)
Inversión C = $ 100,000 ÷ 107%
Inversión C = $ 93,457.94

Echa un vistazo a las respuestas calculadas.

La inversión C que tiene la tasa de rendimiento anual promedio más baja, requirió de la mayor cantidad de dinero para obtener $ 100,000 al final de los 12 meses.

La tasa de retorno anual promedio más alta no debería ser la única base para elegir qué criptomoneda entre varias para elegir, debe refinarlo aún más y tener en cuenta la volatilidad de los precios de las criptomonedas según lo expresado en la desviación estándar de la medida estadística, que se expresa en términos numéricos según cuánto puede esperar razonablemente que los rendimientos reales varíen.

Por ejemplo, una desviación estándar del 3% significa que puede razonablemente (no perfectamente) esperar que los rendimientos de una criptomoneda en particular estén un 3% por encima o por debajo del promedio. Entonces, si la tasa de rendimiento anual promedio de Stellar es del 35% y su desviación estándar es del

10%, es razonable esperar que el rendimiento de esta criptomoneda para los próximos 12 meses sea entre el 25% (35% - 10%) y el 45% (35%). % + 10%). En este caso, la rentabilidad mínima esperada es del 25%. Esta debería ser la cifra para comparar con otras criptomonedas. Esta es una estimación más conservadora de la rentabilidad esperada, una especie de peor escenario, por así decirlo. Elija el que tenga la tasa de retorno mínima esperada más alta.

Para saber cómo usar Microsoft Excel para calcular la desviación estándar de retorno en su corta lista de criptomonedas si no se la proporcionan, puede ver este video de YouTube: https://www.youtube.com/watch?v=efdR mGqCYBk .(en inglés) o en:https://www.youtube.com/watch?v=JK _G7R6KJkY. (en español)

Efecto potencial de las pérdidas

Después de elegir la criptomoneda o las

monedas para invertir o negociar, es hora de decidir cuánto invertir. Una forma fácil de hacer esto es determinar cuánto dinero está dispuesto y puede permitirse perder en nombre de la inversión. Para algunas personas, $ 10,000 es una gota en un cubo de agua. Para otros, $ 10,000 ya es una piscina de dinero y se trata de los ahorros de su vida. No escuches lo que otros están diciendo. Teniendo en cuenta la naturaleza todavía muy arriesgada de las criptomonedas, comience a invertir una cantidad que esté cómodo perdiendo. Si su rendimiento supera tus expectativas, ¡hurra! De lo contrario, no se sentirá tan mal y las finanzas personales o familiares no se verán seriamente afectadas.

Otra cosa que podría valer la pena considerar cuando se trata de decidir cuánto invertir, aunque no es obligatorio, es si necesitará o no este dinero en los próximos 1, 2 o incluso más años. Verá, puede haber una posibilidad de que los precios de mercado de sus inversiones en criptomonedas puedan bajar por debajo de su precio de adquisición. Si aún no lo vende, sus "pérdidas" solo serán pérdidas de mercado o "papel", es decir, solo pérdidas teóricas. Pero si los vende mientras los precios están por debajo de sus precios de adquisición, sus pérdidas pasan de lo teórico a lo real.

Si necesita el dinero en unas pocas semanas o meses y el precio baja, puede verse obligado a vender sus criptomonedas con pérdidas. Pero si invierte una cantidad de dinero que cree firmemente que no tendrá que tocar durante varios años, puede darse el lujo de esperar hasta que sus precios suban nuevamente y evitar las pérdidas reales.

Capítulo 9 - Cómo invertir en criptomonedas

Una vez que haya determinado cuánto dinero debe invertir en criptomonedas y en qué criptos invierte, ¡es hora de tomar medidas prácticas para colocar su dinero donde están sus criptos!

Elija la Plataforma para el intercambio de criptomonedas

No todas las plataformas de intercambios de criptomonedas son iguales, a menos que esté invirtiendo solo en Bitcoins, que es la criptomoneda más universalmente organizada por casi todos los intercambiadores, a excepción de algunos. Pero si elige invertir en altcoins también, es decir, en criptomonedas distintas de Bitcoin, entonces necesitará conocer de las plataformas cuáles son sus criptomonedas elegidas alojadas o intercambiadas.

Si recuerda nuestra discusión en el

Capítulo 3, no solo le hace mucho más fácil buscar compradores y vendedores para sus criptomonedas elegidas, sino que también es una necesidad, ya que las criptomonedas son monedas digitales o en línea sin contrapartes ni versiones físicas. Uno de los mejores parámetros para elegir una plataforma de intercambio para las criptomonedas elegidas es el tamaño. Más específicamente, el volumen promedio diario de negociación, tanto en términos de $ como en unidades de criptomonedas, debe ser su mayor consideración. ¿Por qué?

Cuanto mayor sea el volumen de transacciones diarias, más líquidas pueden ser sus inversiones en criptomonedas, es decir, será mucho más fácil para usted realizar las transacciones. Si el volumen de operaciones es bajo, sus posibilidades de poder comprar o vender criptomonedas a su volumen y precio preferidos son mucho menores. ¡Así que ve con los chicos grandes!

Hablando de los grandes, GDAX, Kraken, Gemini y Bitfinex si decides invertir en Bitcoins y Ethereum. Una de las mayores ventajas de usar estas plataformas de intercambios es que puedes comprar criptomonedas en esas plataformasutilizando de su tarjeta de crédito personal o su cuenta bancaria. Estas plataformas de intercambio de criptomonedas cobran tarifas diferentes y tienen diferentes interfaces de usuario.

Si elige invertir en criptomonedas aparte de Bitcoin y Ether, Poloniex puede ser una muy buena opción porque alberga más de 80 criptomonedas. ¡Es como el Walmart de las Criptos! El único desafío con esta plataforma de intercambio es que solo puedes realizar transacciones usando altcoins (monedas alternativas). No se aceptan tarjetas de crédito, ni transferencias bancarias.

Una vez que haya elegido su plataforma de intercambio de criptomonedas, siga adelante y abra una cuenta con ellos. El proceso de verificación de la cuenta puede ser un poco engorroso, ¡pero está bien! Esto significa que estasplataformas están realizando grandes esfuerzos para garantizar que usted sea quien realmente es, lo que hace que su cuenta e identidad sean muy seguras. Entonces, aunque puede ser bastante engorroso, será para la seguridad de su cuenta.

Oh, otra razón por la que el proceso de verificación de su cuenta puede ser algo engorroso y tedioso es porque a diferencia de las inversiones en activos financieros tradicionales como acciones, bonos, cuentas bancarias, fondos mutuos, etc., las transacciones erróneas o fraudulentas pueden corregirse. Si recuerda de nuestra discusión en la cadena de bloques, la transacción validada y registrada ya no se puede editar ni cancelar. Como dicen en los juegos de ajedrez profesionales, "pieza tocada pieza jugada" Si estas plataformas de intercambios no hacen su trabajo de verificar realmente su identidad, existe el riesgo de transacciones fraudulentas o acreditadas erróneamente que pueden resultar en pérdidas para usted. Entonces, no debes sentirte tan mal, impaciente, o simplemente molesto por el tedio del proceso de verificación de su cuenta.

La validación de la cuenta requerirá que presente una tarjeta de identificación válida, como su pasaporte, licencia de conducir u otras identificaciones aceptables emitidas por el gobierno. En promedio, demora aproximadamente 3 días hábiles para verificar los documentos enviados y su cuenta. Y una vez hecho esto, ¡ya está listo! ¡Oh, espera, hay más!

La billetera

Debido a que las criptomonedas son de naturaleza digital, la seguridad en línea es una preocupación muy seria. En comparación con otros activos financieros que puede comprar y vender en línea, la seguridad en línea es mucho más importante con las criptomonedas. Por un lado, no hay versiones físicas, ¡la versión digital es todo lo que hay! Otra razón por la que es más importante es que la cadena de bloques no permite correcciones o cancelaciones de transacciones erróneas o fraudulentas.Una vez hecho y codificado enla cadena de bloques, no hay vuelta atrás. Y por último, la seguridad en línea es de suma importancia para las criptomonedas debido a su naturaleza descentralizada. Con esto quiero decir que no puede acudir a ninguna autoridad monetaria o reguladora para quejarse de errores o fraude y esperar ayuda y acción. ¡Estás sólo en esto! Es por eso que debe tratar la seguridad de sus criptomonedas con mucha seriedad. Y para esto, debe obtener la billetera de criptomoneda correcta primero.

Antes de profundizar más en la elección de la billetera, es mejor comprender mejor cómo funcionan los intercambios para poder apreciar realmente la importancia de tener la billetera de criptomoneda adecuada incluso antes de sumergirse en el mar de las criptomonedas. Ok, así es como funcionan.

Cuando compra criptomonedas utilizando las plataformas de intercambio, a la cantidad de su compra se le asigna un código digital, también conocido como clave pública. Y esta clave pública es única para su cantidad de compra específica para cada transacción. Cuando los mineros validen y codifiquen su transacción en la cadena de bloques, todos los usuarios de esa criptomoneda específica podrán ver sus claves públicas específicas de la transacción.

Ahora echemos un vistazo a las cosas desde la perspectiva de los intercambios de criptomonedas en los que ejecuta sus transacciones. Al final, le asignan una clave privada que corresponde a cada una de sus claves públicas. Su clave privada es el elemento vital de sus criptomonedas. Si lo pierdes o lo olvidas, se ha ido para siempre. Es por eso que si recuerda en nuestra discusión en el Capítulo 3, debe hacer una copia de seguridad escribiendo sus llaves privadas en 2 pedazos de papel y colocando esos pedazos de papel en 2 áreas diferentes de almacenamiento seguro, por ejemplo, cajas de seguridad o cajas fuertes a prueba de incendios.

De manera predeterminada, sus claves privadas se almacenan en la billetera de su cuenta en las plataformas de intercambios de criptomonedas en los que compra y vende sus criptos. Y aquí es donde puede ser bastante arriesgado. Debido a que las plataformas de intercambios están en línea 24/7, siempre está en riesgo de ser pirateada. Y si sus claves privadas son (hackeadas) o pirateadas, entonces es un adiós a sus criptomonedas.

Entonces, ¿qué debería hacer? Ah, pensé que nunca lo preguntarías. Esta es la parte en la que necesita tener una billetera de almacenamiento en frío, a.k.a., en una sin conexión. Una vez que haya comprado sus unidades de criptomoneda, debe transferir sus claves privadas a su billetera fuera de línea y mantenerlas allí hasta el momento en que tenga que venderlas a través de la plataforma de intercambio. Nunca deje que termine el día sin que vacíe sus billeteras en línea guardadas con las plataformas de intercambios de criptomonedas que utiliza y transfiera su contenido a su billetera de almacenamiento en frío.

Como vimos en el Capítulo 3, las carteras de almacenamiento en frío son carteras fuera de línea y las mejores para usar, si tiene presupuesto, son carteras de hardware, es decir, de tipo USB. Debido a que están fuera de línea, ¿cómo pueden ser hackeadas y robadas sus claves privadas? Recuerda, no hay claves privadas, no hay robo de tus criptomonedas.

Comprar criptomonedas

Después de obtener su almacenamiento en frío, la billetera de soporte físico, ¡ahora puede comenzar a correr y comprar sus primeras criptomonedas! Solo asegúrese de transferir sus unidades de su cuenta de la plataforma de intercambio a su billetera de soporte físico tan pronto como sea posible. Para hacer esto, simplemente copie y pegue o escriba la clave pública de su billetera en el espacio provisto para el sitio web de su plataforma de intercambio elegida y haga clic en "enviar". Para devolverlos de su billetera de soporte fisico(hardware) a la cuenta de su plataforma de intercambio para vender, copie y pegue o escriba la clave pública en el formulario de contrato de la billetera de hardware y confírmelo.

Usar carteras no es gratis. Tendrá que pagar un porcentaje específico, aunque muy pequeño, del porcentaje del valor de su transacción de criptomoneda como tarifa de transacción. Hay un par de razones para esto. Una es minimizar las incidencias de grandes volúmenes y transacciones maliciosas. La otra razón es dar a los mineros, ¿los recuerdas? - Más razón para priorizar la validación de sus transacciones. ¿De qué sirven tus transacciones si nadie quiere validarlas, eh?

Comercializar (trading) Versus Invertir

Muchas veces, el comercializar se enfrenta a la inversión como si fueran 2 luchadores diferentes enfrentados en un partido donde solo puede haber un ganador. Permítame aclarar esta confusión: el comercioo trading no es diferente de invertir. En realidad está bajo el paraguas general de la actividad llamada inversión. Entonces, ¿por qué las personas los contrastan o los diferencian?

Se debe a que la gente ha confundido la inversión como un objetivo puramente a largo plazo, es decir, una inversión a largo plazo o un enfoque de compra y mantenimiento o de compra y olvido, que es otro tipo de actividad de inversión. Entonces, cuando realmente lo piensas, lo que las personas contrastan o enfrentan es la inversión a corto plazo (negociación) y la inversión a largo plazo (comprar y mantener).

¿Cuál es mejor? ¡La verdad es que depende de tus metas! Es por eso que si recuerda al inicio del Capítulo 6, le pedí que mirara el panorama general preguntándose ¿por qué quiere invertir en criptomonedas? es decir¿qué espera lograr al obtener un ingreso específico o un retorno de invirtiendo en esta clase de activos? Y también dependería de otras 4 cosas: su marco de tiempo, su experiencia / habilidades de negociación, su apetito de riesgo y el mercado.

Si aún no tiene experiencia en el arte de invertir o negociar a corto plazo, puede ser una mala idea elegir esto. Por lo menos comience con una cantidad muy pequeña de dinero que puede considerar como "tasa de matrícula" para aprender los trucos del comercio a corto plazo. Si usted es un tomador de riesgos y solo tiene un corto período de tiempo para obtener un retorno específico de su inversión, entonces el traiding(comercializar) puede ser la mejor opción y si el mercado no es ni alcista ni bajista, es decir, si se mueve de lado, el comercio a corto plazo puede brindarle la oportunidad de obtener altas tasas de rendimiento al aprovechar los frecuentes aumentos y disminuciones en los precios de las criptomonedas.

Pero mi recomendación para usted si es un principiante es invertir primero a largo plazo, es decir, comprar sus criptomonedas, trasladarlas a su billetera de hardware y volver a ellas después de un año o dos. De esa manera le da a sus inversiones el tiempo suficiente para que obtenga buenos rendimientos y al mismo tiempo minimice su ansiedad y niveles de estrés sobre la necesidad de monitorear de cerca sus inversiones en criptomoneda diariamente. Solo después de aprender a usarlo, recomiendo incorporar algunas inversiones comerciales o de corto plazo en su estrategia general de criptomoneda.

Conclusión

Gracias por comprar este libro. Espero que haya aprendido mucho sobre qué son las criptomonedas, cómo funcionan y, lo que es más importante, cómo invertir y comerciar con ellas. Y más que solo aprender mucho de este libro, le pido que comience a aplicar lo que aprendió aquí tan pronto como sea posible para que no corra el riesgo de ni siquiera intentarlo. Verá, cuanto más tiempo posponga la aplicación de lo aprendido, mayor será el riesgo de no hacer nada, lo que aumenta el riesgo de no poder lograr lo que se propuso. Así que actúa de inmediato. No tienes que aplicar todo lo que aprendiste a la vez. Simplemente comience con una lección y gradualmente agregue otra hasta que se encuentre aplicando con éxito todo lo que aprendió aquí.

Gracias por llegar al final de Criptomoneda: La guía para Principiantes de Bitcoin, Cadena de bloque, Minería,Comercialización e Inversiónen Criptomonedas. Esperemos que haya sido informativo y que pueda proporcionarle todas las herramientas que necesita para entender las criptomonedas.

Y, si encuentra este libro útil de alguna manera, una REVISIÓN siempre es ¡APRECIADA!

Aquí está para su éxito en la inversión /comercialización en criptomoneda mi amigo. ¡Felicidades!

Parte 2

INTRODUCCIÓN

Si está leyendo esto, probablemente ya haya escuchado sobre el gran auge de los precios de la criptomoneda que ocurrió en 2017. Si usted es como la mayoría de las personas que están afuera para el bucle de criptomoneda, probablemente se esté preguntando por qué sucedió. ¿Por qué el mercado de inversión se está volviendo loco con esta nueva tecnología? ¿Son la criptomoneda y la cadena de bloques (su tecnología subyacente) realmente el camino del futuro? Más importante aún, ¿cómo te afectan estas tecnologías emergentes?Este libro tiene como objetivo responder estas preguntas por ti. Cubre los temas más básicos, como qué es blockchain y qué son las criptomonedas. También habla sobre los eventos que ocurrieron desde el inicio de la criptomoneda a fines de los años 90 y 2000, hasta ahora.

Cuando haya terminado de leer este libro, habrá alcanzado efectivamente las cosas que suceden en el mercado de la criptomoneda. Discute los diferentes tipos de criptomonedas y el proceso de desarrollo que cada uno de ellos está tomando. Habla de las comunidades que rodean este mercado y cómo influyen en el mundo de la criptomoneda.Este libro incluso habla sobre los pasos que puede tomar si desea participar en el mercado de la criptomoneda como comerciante, minero o usuario. Conocer los diferentes roles que puede asumir en el mercado de divisas es esencial para obtener una vista panorámica de toda la industria.

Independientemente de lo que dicen los expertos, las criptomonedas están aquí para quedarse. La gente está alentando a que estas nuevas formas de monedas tengan éxito y están mostrando su apoyo al invertir en ellas. Al conocer todo sobre ellos, podrá tomar una decisión informada sobre si desea participar en esta industria o no.

Comencemos el viaje.

CAPÍTULO 1: ¿Qué Es La Criptomoneda Y Cómo Funciona?

Las criptomonedas como Bitcoin y Ethereum están siempre en las noticias. Su popularidad proviene del hecho de que ahora son un activo negociado activamente. Muchas personas están considerando participar en el comercio de estas nuevas formas de activos digitales. Sin embargo, la mayoría de ellos están condenados a perder dinero si no investigan antes de participar en el mercado de la criptomoneda.En este capítulo, discutiremos qué son estas criptomonedas y cómo funcionan.

¿Qué son las criptomonedas?

Las criptomonedas, como su nombre indica, están destinadas a ser un reemplazo del efectivo al realizar transacciones a través de Internet. Los creadores de esta nueva forma de efectivo pensaron que debido a que Internet no tiene fronteras, no debería haber barreras que impidan las transacciones entre compradores y vendedores en todo el mundo.

Antes de las criptomonedas, los negocios en línea estaban limitados por muchos factores para volverse verdaderamente globales. Un negocio en línea, por ejemplo, solo usa la moneda fiduciaria de su país de origen. Un negocio en Japón, por ejemplo, es probable que use el yen japonés para realizar transacciones. Si la empresa quiere volverse verdaderamente global, necesita abrir cuentas de comerciantes que acepten monedas de diferentes países.

Al hacer esto, el negocio se está exponiendo a muchos riesgos, como la posibilidad de un tipo de cambio desfavorable con otras monedas. Con monedas de más de cien países diferentes, es imposible realizar un seguimiento de cada uno.

Una criptomoneda establecida con éxito tiene como objetivo cambiar todo esto. Al tratar con solo un puñado de criptomonedas, las empresas de todo el mundo pueden minimizar el riesgo de cambio de moneda.

Una breve historia de las criptomonedas.

La idea de una moneda en línea no es nueva. Sin embargo, en el pasado, solo se ha explorado en el campo académico de la informática. Sin embargo, en la práctica, las empresas aún prefieren utilizar la forma digital de las monedas fiduciarias cuando realizan transacciones en línea.

El primer esfuerzo anunciado públicamente para establecer una moneda en línea libre de cualquier moneda fiduciaria fue en 1983 por un criptógrafo llamado David Chaum. Introdujo la moneda virtual llamada eCash, que está diseñada para mantener a los usuarios en el anonimato mediante el uso de la criptografía. Sin embargo, en 1983, el número de usuarios de Internet seguía siendo bajo, sin mencionar el número de empresas que ya operaban en línea. Debido a la inmadurez del mundo de los negocios en línea, la primera versión de la criptomoneda no despegó.

En 1996, la Agencia de Seguridad Nacional de los Estados Unidos (NSA, por sus siglas en inglés) publicó un documento titulado "Cómo hacer una menta: la criptografía de efectivo electrónico anónimo". Se habló de la creación de una moneda electrónica anónima. Fue publicado en la lista de correo del Massachusetts Institute of Technology (MIT) y en el volumen 46 de la edición de 1997 de The American Law Review.

No fue una sorpresa que Wei Dai, un ingeniero informático y uno de los pioneros de la industria de la criptomoneda, probara de inmediato la implementación de los conceptos discutidos en el documento. Publicó B-Money, que es un sistema de efectivo electrónico similar a la criptomoneda de hoy en día. El sistema también utilizó la criptografía para mantener la identidad de los usuarios anónima. El artículo que hablaba de B-Money fue publicado en 1998.

En el mismo año, Nick Szabo, un pionero en el campo y también científico informático, introdujo bitgold, que es una versión temprana de los bitcoins modernos. Es el primer sistema de moneda electrónica que aplica el uso de la "Prueba de trabajo". Szabo también acuñó la frase "contrato inteligente", que es una de las características centrales de las criptomonedas como Ethereum.

Comenzó con el registro del nombre de dominio bitcoin.org. En noviembre del mismo año, se publicó en varias listas de correo de criptografía un documento llamado "Bitcoin: un sistema de efectivo electrónico entre pares". El desarrollador implementó el software de código abierto de bitcoin a principios de 2009.

Al mismo tiempo, Satoshi Nakamoto, extrajo el primer bloque de la cadena de bloques de Bitcoin con el texto:

"The Times 03 / Jan / 2009 Canciller al borde del segundo rescate para los bancos".

En 2011, se desarrollaron e

implementaron las siguientes dos criptomonedas. Estos fueron Namecoin y Litecoin. Esto fue seguido por varias otras criptomonedas. Desde la introducción de Bitcoin, se han implementado muchas criptomonedas, pero muchas de ellas también han fallado.

Bitcoin y otras criptomonedas comenzaron a hacer crecer su comunidad de mineros. El líder del paquete, sin embargo, siempre ha sido Bitcoin, obteniendo la capitalización de mercado más alta entre otras criptomonedas en el mercado.

La atención de los medios alrededor de las criptomonedas comenzó a crecer alrededor de 2013, cuando el valor de bitcoin comenzó a aumentar. De 2011 a 2012, el valor de Bitcoin fluctuó de menos de $ 1 a $ 17. Sin embargo, el precio comenzó a subir constantemente en las últimas partes de 2012.

2013 fue el primer año para Bitcoin. La criptomoneda abrió el año en alrededor de $ 13 por bitcoin. En solo un mes, el valor de la moneda se duplicó con creces a $ 32. Continuó subiendo hasta abril, cuando rompió la marca de $ 100. Con las noticias que rodean la nueva moneda en el mercado que se extiende a través de Internet, el precio de bitcoin volvió a subir en solo nueve días. El 9 de abril, los precios de bitcoin superaron la marca de $ 200 antes de caer a menos de $ 100 cuatro días después.

Las historias sobre bitcoin sin embargo, no terminarían allí. En el mismo año, el precio de la criptomoneda se mantuvo por debajo de $ 200. No fue hasta noviembre de ese año cuando Bitcoin superó todas las expectativas. Regresó a $ 200 el 2 de noviembre de 2013. A partir de ahí, siguió aumentando antes de que terminara el año, rompiendo la marca de $ 1,000.00 el 30 de noviembre de 2013.

Sin embargo, con los inversores tomando su parte de las ganancias, el valor volvió a caer. El valor se mantuvo por debajo de $ 500 para 2014 hasta mediados de 2016. Ahí es cuando las cosas comenzaron a cambiar nuevamente. Con las noticias sobre la propagación de bitcoins nuevamente, el valor de mercado comenzó a aumentar. Bitcoin terminó el 2016 con un precio justo por debajo de los

$ 900. Una vez que rompió la marca de $ 1,000 en marzo de 2017, el precio siguió subiendo. A partir de ahí, subió a un precio de más de $ 17,500 el 11 de diciembre de 2017.

Junto con el aumento de bitcoin, otras criptomonedas también recibieron mucha atención. Ethereum es claramente la segunda moneda más grande detrás de él. Otras monedas más nuevas como Cardano y Ripple también se beneficiaron en el boom de 2017. En particular, Ripple tuvo un ICO exitoso en parte debido al éxito que estaba experimentando Bitcoin.

Al igual que con lo que sucedió en 2013, los comerciantes comenzaron a tomar ganancias en la primera parte de 2018. El precio volvió a caer a menos de $ 8,000 en febrero. El precio no se ha recuperado a su precio máximo al momento de escribir este libro. Sin embargo, con un poco menos del 20% de bitcoin que queda por explotar, se espera que el valor de bitcoin aumente en el futuro, pero los inversores y operadores deben superar las enormes fluctuaciones de los precios antes de que esto suceda.

El éxito de bitcoin y otras criptomonedas, sin embargo, fue solo en su función de activos comerciales y no como monedas reales. La mayoría de las personas que tienen estas monedas no necesariamente quieren gastarlas como medios de intercambio. En su lugar, se utilizan principalmente para aumentar las carteras de inversión.

Criptomoneda como medio de intercambio Sin embargo, para que una criptomoneda tenga éxito en el reemplazo de dinero en línea, primero necesita una serie de factores importantes:

- **Estabilidad en el precio.**El factor más importante que afecta a Bitcoin y otras criptomonedas es el problema con la volatilidad de sus precios. Debido a que es una moneda de intercambio libre sin que el banco central la administre, los precios pueden ser bastante volátiles. Los precios en una parte del mundo donde los volúmenes de comercio son altos pueden diferir de los precios en otras bolsas donde el volumen de operaciones es bajo. Debido a estos factores, los precios han fluctuado por miles de dólares por unidad.

Para que una criptomoneda se convierta en un medio de intercambio serio, se debe introducir una característica que evitará que su precio suba o baje miles de dólares en un día. Esto lo hará menos atractivo como activo de inversión, pero es necesario para que funcione como una moneda real.

• **Un consenso político entre los gobiernos.**A raíz del auge de la criptomoneda de 2017, los gobiernos y sus bancos centrales han estado investigando cómo las exageraciones pueden afectar sus economías y el bienestar financiero de su gente. Los gobiernos en países con altos volúmenes de comercio en particular se alarmaron por el número de ciudadanos que participan en el mercado comercial.Como respuesta, estos gobiernos tomaron una postura en los primeros días de 2018. Corea del Sur, en particular, tuvo una represión masiva en los intercambios de criptomonedas locales por sus roles en el lavado de dinero. Otros países siguieron su ejemplo al crear nuevas políticas para manejar la criptomoneda como un activo de inversión.

Estas respuestas del gobierno dejaron en claro que los días de negociación no regulada han terminado. Esto dio lugar a la caída masiva de los precios de las criptomonedas más comúnmente comercializadas. Desde $ 17,000, el valor de Bitcoin se redujo a $ 11,000 en cuestión de dos días. Incluso llegó a $ 7,000 en la semana siguiente. Esta es la primera corrección masiva en el precio de bitcoin y algunas de las nuevas criptomonedas.

El valor de estas criptomonedas puede volver a sus altos precios anteriores, pero esto solo puede suceder si los gobiernos de las principales economías como China, Japón, la zona euro, los Estados Unidos y Canadá acuerdan una estrategia unificada sobre cómo controlar Bitcoin y la otras criptomonedas.

- **Una industria para abrazarla como método de pago.**Las diferentes criptomonedas en el mercado actual están en una carrera por ser aceptadas como moneda. Algunos de ellos intentan hacerlo convirtiéndose en la primera criptomoneda en ser ampliamente aceptada en una industria específica.

Ethereum, por ejemplo, se está convirtiendo en una popular plataforma experimental para desarrolladores. Despegará por completo si los desarrolladores pueden crear con éxito aplicaciones y sitios web ampliamente utilizados que se ejecutan en la red Ethereum. Sin embargo, ninguna de las nuevas empresas que utilizan los contratos inteligentes de Ethereum se ha roto a través de la corriente principal todavía. Sin embargo, con miles de desarrolladores trabajando con la plataforma, es solo una cuestión de tiempo antes de que Ethereum pueda ser considerado un nuevo Internet y Ether como su moneda fiduciaria.

Ripple y Litecoin, por otro lado, están

adoptando un enfoque diferente para entrar en la corriente principal. Se están asociando con tantos bancos e instituciones financieras como puedan para asegurarse de que las personas tengan acceso a sus monedas. Ripple fue particularmente popular en su oferta inicial de monedas debido a las muchas conexiones que ya tenía desde el primer día de negociación. Se ha asociado con grandes bancos como Standard Chartered y Royal Bank of Canada. Recientemente, Litecoin también ha avanzado en la asociación con el popular servicio de envío de dinero Western Union. Estas criptomonedas están trabajando con estos bancos e instituciones financieras para comenzar a construir su infraestructura en el mundo financiero. En cuanto a cómo se puede aplicar la tecnología blockchain en esta industria, aún está por verse. Tendremos que esperar los servicios que surgirán de estas asociaciones y ver cómo responderá el mercado a ellas.

• **Mejoras en la tecnología para facilitar las transacciones.**

La red minera de una criptomoneda es su columna vertebral. No solo mantienen la cadena de bloques al agregar bloques de transacciones, sino que los mineros y los grupos de mineros tienen algunas de las mayores reservas de criptomoneda en el mundo. Sin embargo, incluso con toda la energía y el poder de cómputo que se usa en la extracción de las criptomonedas más populares como Bitcoin y Ethereum, el tiempo de transacción aún se retrasa.

blockchain se llamaba entonces Ethereum Classic. El resto de la red aplicó los cambios propuestos en la bifurcación y continuó usando el nombre Ethereum. Cuando la gente habla hoy de la cadena de bloques de Ethereum, se refiere a la nueva bifurcación.

La bifurcación dura en este caso tenía una función principal, evitar que el pirata informático retire el dinero pirateado de la DAO. En su lugar, se aplicó un nuevo contrato inteligente al fondo que permitió a los contribuyentes de la DAO retirar su dinero.

CAPÍTULO 2 - ¿Cómo te afectan las criptomonedas?

El mercado de la criptomoneda ha sido noticia varias veces el año pasado y la gente todavía está hablando de ello incluso después del aumento masivo de los precios. Ahora que la histeria sobre ella se ha calmado, las personas que todavía tienen criptomonedas se preguntan cuál será su futuro.

Si está pensando en participar en este mercado, también debe considerar esta pregunta y cómo le afectarán las criptomonedas.

¿Se convertirá en una moneda ampliamente utilizada?

Si la criptomoneda se rompe en el mercado para convertirse en un medio de intercambio ampliamente utilizado, se volverá aún más valiosa. Si esto sucede, es muy probable que el precio de dicha criptomoneda aumente.

Sin embargo, el éxito de una criptomoneda es el problema. Una vez que una criptomoneda se vuelve popular, más personas querrán comprarla. Esto aumenta la demanda en el mercado, mientras que la oferta aumenta a un ritmo más lento cada día. Aplicando las leyes de la oferta y la demanda, esto lleva a un aumento en el gráfico de precios.

Si una criptomoneda soluciona este

problema, debe integrarse con otros servicios financieros en línea y en el mundo real. Puede que solo se convierta en una alternativa al efectivo al realizar transacciones en línea.

Sin embargo, si espera convertirse en un usuario de la criptomoneda, puede pasar un tiempo antes de que veamos una verdadera dependencia de esta tecnología en la industria financiera. Sabrá cuándo sucederá esto cuando los servicios financieros que facilitan las transacciones en línea como PayPal, Western Union y los grandes bancos comiencen a asociarse con una sola criptomoneda. Al momento de escribir este libro, las criptomonedas como Ripple (XRP) y LiteCoin ya están trabajando con instituciones financieras para comenzar a facilitar los pagos entre empresas. Si esto funciona, puede allanar el camino para que la moneda digital se utilice con los consumidores habituales.

Todavía pueden pasar un par de años antes de que cualquier criptomoneda se convierta en una forma generalizada de dinero en línea. Para que las empresas puedan usarlo con regularidad, es posible que se deban redactar nuevas legislaciones al respecto, especialmente en las principales economías del mundo. Los gobiernos desconfían de esta nueva moneda y de su posible efecto negativo en su crecimiento económico. Les tomará tiempo a los legisladores aprobar proyectos de ley, estudiar la moneda y, de hecho, poner reglas y regulaciones que rijan su comercio y uso generalizado.

¿Estás considerando cambiarlo?

Como activo comercial, algunos gobiernos ya han colocado prohibiciones en la moneda digital, citando que se está utilizando como una herramienta de lavado de dinero. Sin embargo, los comerciantes de todo el mundo todavía están acudiendo en masa al mercado. Sin embargo, ya no es un mercado de vendedores. El tiempo de compra masiva de monedas ha pasado. Los comerciantes en este momento solo están trabajando con la naturaleza especulativa del activo. Cuando el precio es demasiado bajo para Bitcoin, por ejemplo, muchos de ellos compran. Debido a la naturaleza global de las plataformas de negociación, un ligero cambio en el precio puede desencadenar liquidaciones masivas o ventas masivas. Estos comportamientos de comerciante conducen a los cambios constantes de precios en las criptomonedas más activamente negociadas.

Si desea convertirse en comerciante, necesitará aprender conceptos como análisis fundamental y técnico. El análisis fundamental es una técnica para seleccionar acciones y otros activos de inversión que también se pueden aplicar al comercio de criptomonedas. Al hacer un análisis fundamental de las acciones, usted observa constantemente los comunicados de prensa, las noticias y los informes financieros de sus compañías objetivo. Usted hace esto para establecer un llamado valor intrínseco para la empresa. Luego, puede obtener el precio intrínseco de las acciones de una compañía al dividir el valor total de la compañía por el número total de sus acciones emitidas.

Si se calcula un precio intrínseco, el analista fundamental luego verifica el precio de mercado de la compañía. Si el precio de mercado está por debajo del valor intrínseco de la compañía, el analista fundamental lee esto porque la participación de la compañía es más barata de lo que debería ser. Las empresas que tienen la mayor brecha entre el valor intrínseco estimado y el precio de mercado prevaleciente generalmente se compran.

Con las criptomonedas, en lugar de considerar el valor de una empresa, está intentando hacer una estimación inteligente del verdadero valor de una moneda. Puede hacer esto examinando la tecnología subyacente y las comunidades que la administran. Por ejemplo, podría obtener la capitalización inicial de la compañía que desarrolló la tecnología y la cantidad que obtuvieron de las ofertas de monedas que tenían.

Luego, podrías comenzar a analizar su progreso hacia el santo grial del mundo de la criptomoneda; para ser ampliamente aceptado como moneda real. Una moneda que ha hecho grandes saltos para convertirse en una moneda importante debe aumentar su valor. Si ve una moneda innovadora proactivamente y busca formas de convertirse en una moneda aceptada, entonces puede decir que el valor de esa moneda debería aumentar.

Al igual que con la selección de acciones, también debe comparar dichos eventos positivos e innovaciones de la empresa con su actividad de precios. Si el precio de mercado no ha mejorado después de un progreso significativo, esto puede significar una de dos cosas. Primero, puede haber alguna información de la que no tenga conocimiento, lo que impide que otros operadores compren la moneda criptográfica. Tendrá que investigar más al respecto antes de comprar más de la moneda mencionada.

En segundo lugar, también es posible que

las personas simplemente no respondan lo suficientemente bien a las noticias positivas sobre la moneda. Esto podría suceder cuando el clima comercial general es bajista. Esto significa que las personas no están de humor para comprar nuevos activos. También podría suceder cuando los comerciantes e inversores de criptomonedas están mirando hacia otro lado hacia una criptomoneda más popular. Todos estos factores podrían hacer que una moneda esté infravalorada o sea más barata de lo que debería ser.

Una moneda subvaluada es una gran inversión, especialmente si continúa su progreso en el logro de los objetivos de la comunidad. Bitcoin, por ejemplo, ha sido subvalorado por años desde su inicio. Sin embargo, debido a la cobertura positiva de los medios, las mejoras en la tecnología y la recepción general positiva del mercado, logró aumentar su valor en más del 1.000% en 2017.

Esto podría volver a ocurrir en el futuro, pero es probable que ocurra con criptomonedas menos conocidas con una base fundamental sólida.

La segunda habilidad que necesitará aprender es la práctica comercial llamada análisis técnico. Mientras que los analistas fundamentales se centran en los factores que rodean la criptomoneda, los analistas técnicos se centran principalmente en el precio y el factor de mercado que lo afecta.

Al igual que los comerciantes regulares, los

analistas técnicos también buscan comprar cuando los precios son bajos y vender cuando los precios son altos. Sin embargo, lo llevan un poco más lejos al tratar de adivinar cuándo terminará una caída de precios y cuándo comenzará una tendencia alcista. También intentan adivinar cuándo se detendrá el alza de precios en función del comportamiento de los compradores en el mercado como se refleja en los gráficos de precios.

Un analista técnico basa todas sus decisiones en los movimientos de precios en los gráficos. Cuando el precio baja, por ejemplo, intentan adivinar la parte inferior de la tendencia bajista. Luego comienzan a comprar cuando la moneda alcanza un precio determinado.

Cuando ya poseen monedas, intentan predecir cuándo terminará una tendencia alcista, lo que suele suceder durante las ventas masivas. Luego venden cuando se alcanza su precio previsto.

¿Será pasado de moda debido a otras tecnologías emergentes?

Es posible que otras tecnologías emergentes superen las criptomonedas como la principal alternativa de efectivo en Internet. Sin embargo, el escenario probable es que las nuevas tecnologías se implementen como versiones más nuevas de las criptomonedas. Los bancos y otras instituciones financieras han prestado atención al impacto de la cadena de bloques en el mundo financiero y han creado sus propios equipos de investigación y desarrollo para encontrar posibles usos para este nuevo tipo de tecnología. Está claro que el mercado necesita una moneda descentralizada que no esté influenciada por el gobierno, las fronteras y las leyes opresivas. Sin embargo, el mercado aún no ha alcanzado un veredicto sobre qué sistema es el más adecuado para convertirse en una alternativa en efectivo en línea.

CAPÍTULO 3 - Criptomonedas más populares

Antes de que pueda participar en la industria de las criptomonedas, primero debe conocer las diferentes criptomonedas disponibles en el mercado actual. Desde el auge de los precios de bitcoin y otras criptomonedas en 2013 y 2017, muchos copycats se han convertido en ICO.

Para el primer trimestre de 2018, más del 45% de los ICO que surgieron en 2017 y antes se han vuelto inactivos. Esto se debe principalmente a la falta de capitalización que los respalda, así como a la falta de poder minero que tienen estas monedas.

Para que un ICO siga siendo relevante

entre los mineros en la actualidad, ya no puede adoptar el enfoque que Satoshi Nakamoto adoptó para establecer el bitcoin. La tecnología blockchain ya no es suficiente para establecer la credibilidad como una moneda descentralizada. En su lugar, debe establecer que cuenta con el respaldo de una comunidad y que cuenta con el respaldo de una organización sólida como las principales instituciones financieras.

Bitcoin

Bitcoin es actualmente el rey indiscutible de las criptomonedas en términos de capitalización de mercado y volumen de operaciones. Debido a que es el primero en llegar al mercado, tiene una ventaja sobre las otras criptomonedas en términos de la cantidad de mineros en la red y el crecimiento de los precios.

En su punto máximo en los últimos días de 2017, bitcoin alcanzó un precio máximo de cierre de más de $ 17,500. Sin embargo, el aumento en el precio experimentado en 2017 fue seguido por una venta masiva por parte de inversores y comerciantes. Esto sucedió en medio de un escrutinio adicional de los diferentes gobiernos de todo el mundo y algunos incluso aplicando políticas severas hacia el uso y el comercio de las criptomonedas. Bitcoin, sin embargo, sigue siendo la criptomoneda de mayor valor. Su rival más cercano, Ethereum, todavía está muy lejos en términos de capitalización de mercado.

Bitcoin, sin embargo, solo lidera las otras criptomonedas en términos de ser un activo de inversión. A partir de la redacción de este libro, no está más cerca de convertirse en una verdadera criptomoneda.

En sus primeros días, se usaba como modo de pago y moneda de donación en muchos sitios web de cebolla (sitios web en la web oscura). Sin embargo, debido a la popularidad de bitcoin, muchos de estos sitios web lo abandonaron debido al creciente escrutinio de los gobiernos en las transacciones de bitcoin.

La volatilidad de los precios de Bitcoin es también una de las principales razones por las que muchas personas dudan en usarla como moneda. Nadie puede confiar en una moneda que se desploma en valor a más de $ 2,000 en cuestión de minutos. Con estos problemas aún persiguiendo a bitcoin, parece que no se convertirá en una criptomoneda en el corto plazo. Sin embargo, si está buscando un activo de inversión que atraiga mucha atención durante las horas punta, esta es la criptomoneda para usted.

Etéreo

Ethereum es también uno de los pioneros de la criptomoneda. A diferencia de bitcoin, que se centra únicamente en reemplazar el uso del efectivo en Internet, Ethereum tiene un enfoque diferente. El objetivo de Ethereum es crear una plataforma que utilice la potencia informática compartida que ofrecen los mineros para facilitar el uso de contratos inteligentes y el desarrollo y mantenimiento de aplicaciones descentralizadas (DAPP).

Los DAPP son uno de los conceptos más nuevos introducidos en el sistema Ethereum. Permite a los desarrolladores crear servicios en línea sin la necesidad de intermediarios. Imagina que puedes descargar tus aplicaciones directamente desde el desarrollador sin pasar por la App Store o Google Play. La única razón por la que no lo hacemos en este momento es porque no sabemos si podemos confiar en que el desarrollador y las tiendas de aplicaciones actúen como guardianes que protegen nuestros intereses y nos quitan un poco de nuestro dinero en el proceso. Con un DAPP, los desarrolladores podrán establecer confianza con el usuario mediante contratos inteligentes.

Los contratos inteligentes son como los contratos del mundo real donde existe un acuerdo entre las partes. Sin embargo, cuando un contrato se codifica en la cadena de bloques, se convierte en un contrato inteligente porque no se puede modificar de ninguna manera sin afectar la integridad de toda la cadena.

Al igual que con la cadena de bloques básica utilizada en bitcoin, los contratos inteligentes se agrupan y organizan para crear un bloque en una cadena de bloques. Los mineros que facilitan esto son recompensados con Ether, el aspecto de criptomoneda de Ethereum. Solo para dejar esto en claro, Ethereum se refiere a la red que utiliza la tecnología blockchain para crear y almacenar contratos inteligentes, mientras que Ether es la moneda que las personas pueden intercambiar.

La idea detrás de Ethereum es que la red tenga su propio ecosistema donde se puedan realizar transacciones y se puedan operar negocios. Al igual que las personas que hoy en día utilizan Internet para nuestro uso diario, el ecosistema Ethereum también puede convertirse en otra versión de eso y el Éter es la moneda que se utiliza en su interior.

El éxito de Ethereum y Ether para

convertirse en verdaderas criptomonedas depende en gran medida de los modelos de negocios de las aplicaciones que se crean dentro de su plataforma. Sin embargo, hasta el momento de escribir este libro, ninguna aplicación ha logrado abrirse paso en la corriente principal todavía.

Los críticos de Ethereum atacan principalmente el ambicioso concepto del potencial de los DAPP. El concepto aún está en sus inicios y los desarrolladores que trabajan en proyectos DAPP no tienen necesariamente un plan a seguir. En cambio, son los pioneros de esta nueva forma de tecnología.

Una razón por la que el DAPP es difícil de desarrollar es el hecho de que el código del contrato inteligente debe ser infalible porque no se puede cambiar. Una vez que se establece el contrato inteligente, no hay forma de impedir que ejecute su función cuando se cumplen las condiciones adecuadas. Esto puede ser peligroso si el código del contrato es vulnerable a un ataque. Es particularmente peligroso si el contrato inteligente está diseñado para manejar la transferencia de dinero.

Onda

Ripple es una criptomoneda relativamente nueva, pero ha tenido un gran impacto en la industria en el corto tiempo que ha estado aquí. Se convirtió en un éxito masivo desde su ICO. Sin embargo, también se desplomó en la venta masiva a principios de 2018.

Ripple es la primera moneda en asociarse con bancos e instituciones financieras importantes. Este es su principal punto de venta desde el principio. Su empresa fundadora, una empresa llamada Ripple Lab, continúa desarrollando la red para que se adapte perfectamente a algunos de sus socios de instituciones financieras, entre los que se incluyen The Royal Bank of Canada y Standard Charters. También se ha asociado con el gigante de transferencia de dinero Western Union para investigar aplicaciones de blockchain en el negocio de transferencia de dinero.

La ondulación se compone de dos partes importantes. El sistema Ripple también llamado RippleNet es la red de pago. Es la conexión entre los bancos y otras instituciones financieras que participan en la red. La segunda parte es la criptomoneda llamada Ripple XRP. Esta es la moneda utilizada para representar la moneda fiduciaria en la red. Cuando XRP se transfiere de un nodo en el sistema a otro, se entiende que se transfiere una cantidad equivalente de moneda fiduciaria.

Durante un tiempo, Ripple fue segundo después de Bitcoin en capitalización de mercado. Esto sucedió en la última parte de 2017. El aumento masivo en el precio aumentó el valor de Ripple, dando más capital de investigación y desarrollo a su compañía de desarrollo.

El principal objetivo de Ripple es utilizar la tecnología blockchain con las instituciones financieras para que las transacciones globales sean más rápidas. Una transacción que cruza las fronteras por lo general toma varios días. Los bancos actualmente utilizan el sistema SWIFT para autenticar transacciones. Este sistema generalmente requiere de 3 a 7 días hábiles para procesar. Otras tecnologías de blockchain han hecho este método más rápido, pero Ripple lo ha incrementado un poco. Procesar una transacción con Bitcoin, por ejemplo, requiere algo más de una hora. Ethereum puede procesar la misma transacción en dos minutos. Una transacción en Ripple se puede procesar completamente en solo 4 segundos.

A diferencia de Ethereum, Ripple realmente se centra en el mundo financiero. De hecho, Ripple se refiere a sí misma como una plataforma de pago en lugar de una simple criptomoneda. El éxito de Ripple depende en gran medida de su capacidad de transición al mundo empresarial. A partir de la redacción de este libro, es una de las tecnologías de criptomoneda o de cadena de bloques más cercanas a penetrar en el mercado financiero junto con Litecoin.

Sin embargo, Ripple también tiene sus críticos. Algunos puristas de la criptomoneda no creen que Ripple sea una criptomoneda real. Muchos de ellos creen que, debido a que su sistema está entrelazado con el funcionamiento del sistema bancario, nunca puede ser verdaderamente descentralizado. Sin embargo, esto no les importa a los desarrolladores, porque nunca se pusieron en marcha con el objetivo de reemplazar el efectivo. En su lugar, simplemente quieren mejorar un sistema bancario y de transferencia de dinero obsoletos.

Bitcoin Cash

Bitcoin Cash usualmente ocupa el cuarto lugar en términos de capitalización de mercado. Bitcoin Cash se creó como un tenedor de Bitcoin como respuesta al problema de escalabilidad de la criptomoneda original.

Desde el principio, Bitcoin ha sido criticado

por su límite en el tamaño de sus bloques. Los bloques de bitcoin están limitados a solo 1MB. Esto significaría que la cantidad de transacciones en un bloque será limitada. Al principio, el valor de bitcoin era bajo. A esos valores, se podría enviar más bitcoin en cada transacción. Hoy en día, el valor de bitcoin ha alcanzado un nivel tan alto que las personas ahora envían cantidades diminutas de bitcoin. Con su popularidad, el número de transacciones de bitcoin aumentó. Mientras más transacciones esperan en línea, muchas de ellas experimentan retrasos. Para algunos, podría llevar más de una hora procesar una transacción.

Muchos miembros de la comunidad creían que cambiar el tamaño de los bloques es la mejor estrategia para este problema. Esta es la propuesta que muchos pensaron tenía sentido. En agosto de 2017, una gran parte de la comunidad implementó la propuesta de Bitcoin Cash, que dio origen a la versión de Bitcoin. La característica principal del efectivo de bitcoin es el cambio del tamaño del bloque del original de 1 MB a 8 MB por bloque.

Como criptomoneda independiente, el efectivo de bitcoin se ha mantenido por sí solo durante más de 5 meses desde que se escribió este libro. Su precio alcanzó un pico de más de $ 4,000 en el auge de 2017. Sin embargo, no mantuvo este precio y volvió a caer, rondando el rango de $ 1,100 a $ 1,300.

Su principal argumento de venta es que

utiliza la misma función de hash que bitcoin. Debido a esto, los mineros de bitcoin pueden realizar fácilmente la transición de minería de bitcoin a minería de efectivo de bitcoin.

Dado que el efectivo de Bitcoin todavía es demasiado joven, es imposible decir si está aquí para quedarse. Muchas criptomonedas se separaron de la cadena de bloques de bitcoin original en el pasado, pero la mayoría de ellas no obtuvieron la cantidad suficiente de mineros y desarrolladores para mantener sus monedas con vida. Bitcoin Cash parece ser la primera bifurcación de bitcoin para una posición exitosa.

Litecoin

Litecoin es también una de las criptomonedas pioneras que siguieron a bitcoin. Ha sido acuñado por muchos como la plata al oro de bitcoin. Se lanzó justo después de bitcoin, con una gran diferencia, su algoritmo de hash. Mientras que bitcoin usa el SHA-256, Litecoin usa Scrypt.

La diferencia en el algoritmo de hash tiene muchos efectos que apuntan a abordar las deficiencias de bitcoin. Uno de estos efectos es la generación de bloques más rápida y las transacciones generalmente más rápidas. Los bloques en Litecoin son más grandes y se pueden generar usando computadoras simples como computadoras personales con una cantidad de tarjetas GPU.

La confianza de Bitcoin en SHA-256 ha llevado a la llamada carrera de armamentos en la comunidad minera. Los mineros han estado buscando formas de aumentar el poder de cómputo en bruto a través del uso de plataformas de minería especializadas. El uso de estos equipos no es necesario con litecoin. En su lugar, abre la posibilidad de minar a través del uso de computadoras personales de alta calidad.

El crecimiento en el valor de Litecoin prácticamente siguió al de Bitcoin. Cuando Bitcoin alcanzó su precio máximo en 2013, el valor de Litecoin también aumentó. Desde los poco más de $ 2 en los meses anteriores, su precio subió a más de $ 40 en los últimos días de 2013.

La moneda estuvo relativamente tranquila entre 2014 y 2016. Su precio en este período de tiempo rondaba entre $ 1 y $ 8. Comenzó a repuntar nuevamente en la primera parte de 2017. Tuvo un pico en el precio y el volumen de operaciones en diciembre de 2017, alcanzando más de $ 350. Desde entonces, Litecoin continuó floreciendo con precios entre $ 150 y $ 300 por moneda. La fuerte presencia que siguió a la caída del mercado se produjo tras múltiples noticias positivas sobre la moneda. En particular, fue objeto de interés de múltiples instituciones bancarias y de transferencia de dinero para la investigación de blockchain en la industria financiera. Al igual que Ripple, es una de esas criptomonedas que se considera un verdadero reemplazo del dinero en efectivo en Internet.

Cardano

Cardano es la quinta criptomoneda más grande en términos de capitalización de mercado a partir de la escritura de este libro. Al igual que el bitcoin, pretende ser una criptomoneda, sin embargo, tiene múltiples cambios en la aplicación de la tecnología blockchain.

La característica principal de Cardano gira en torno a su estructura y su lenguaje de programación único. Utiliza un lenguaje de programación llamado Haskell, que se dice que es robusto y flexible. Se dice que la elección del lenguaje de programación único es una solución al panorama siempre cambiante del mercado de la criptomoneda.

Usando este lenguaje de programación, los desarrolladores desarrollaron un sistema de cadena de bloques de múltiples capas. Al igual que bitcoin y otras criptomonedas, tiene una cadena de bloques dedicada a organizar y documentar las transacciones realizadas. Utiliza el algoritmo de prueba de estaca.

La segunda capa de cardano es otra cadena de bloques en la que se documenta y organiza el motivo de la transferencia de fondos. Este es un intento de mejorar el concepto de contrato inteligente, al separar la administración del dinero de los otros detalles del contrato.

Mientras que Ripple se construye teniendo en cuenta las necesidades de las instituciones financieras, Cardano, por otro lado, se centra en equilibrar la privacidad y las características descentralizadas de una criptomoneda a la necesidad de regularla. Se ha identificado que la falta de características de regulación adecuadas impide que los gobiernos y las instituciones financieras acepten las criptomonedas en sus respectivos países. Una solución para esto es un contrato inteligente más inteligente y múltiples capas de protección que están ausentes de sus predecesores.

Los desarrolladores se jactan de que el código y la estructura de Cardano se basan en investigaciones académicas y en publicaciones revisadas por pares. Si bien parece que sus características responden a muchas de las deficiencias de bitcoin, su entrada tardía en el mercado le impide alcanzar su máximo potencial en términos de precios.

El éxito de Cardano dependerá de los proyectos de desarrollo tecnológico que su equipo desarrolle para convencer a otros usuarios de la criptomoneda para que transfieran del uso de otras monedas. A partir de este momento, las monedas como Litecoin y Ripple son más populares que el Cardano. Cuando se compara con otras criptomonedas, todavía no está claro qué ofrece la tecnología subyacente que esta novedad en el mercado. Hasta que Cardano pueda establecer la integración con el mundo financiero y los beneficios de usarlo en contraste con otras criptomonedas, las personas no tendrán ninguna razón para transferirse a Cardano.

El precio máximo de Cardano en 2017 fue de alrededor de $ 1.30. Volvió a caer a menos de $ 1 por moneda tras la masiva venta en 2018. Queda por verse lo que depara el futuro para Cardano. Actualmente, sus apuestas en el enfoque de ambos mundos no motivan a las personas lo suficiente como para transferirse a él.

CAPÍTULO 4 - ¿Por qué el precio es tan volátil?

Cuando comience a invertir en criptomoneda, verá que es uno de los activos más volátiles en el mercado de inversión. Como se mencionó anteriormente, su precio puede variar por miles de dólares de un día para otro. En este capítulo, hablaremos sobre por qué este es el caso y cómo debe responder a él.

Criptomoneda versus moneda fiduciaria

La mejor manera de entender las criptomonedas es comparándolas con el dinero que conocemos y amamos, también conocido como monedas fiduciarias. Las monedas fiduciarias o el dinero regular son el medio de intercambio acordado en un determinado país. En los Estados Unidos, por ejemplo, tenemos el dólar estadounidense, mientras que México y Canadá tienen el peso mexicano y el dólar canadiense respectivamente.

Estas monedas fiduciarias son solo billetes, monedas o números digitales en una pantalla. Sin embargo, son respetados como una herramienta para facilitar el comercio de bienes y recursos debido a una serie de razones. La primera es porque todas las personas en un lugar determinado están de acuerdo con su valor y su legalidad.

La segunda razón por la cual las monedas fiduciarias son ampliamente aceptadas es porque su valor es estable. Si ve un auto nuevo que le gustaría tener un valor de $ 20,000 hoy, es probable que todavía tenga ese precio para mañana. En realidad, cualquier empresa puede ponerle precio a sus productos o servicios con la cantidad que desee. Los bolsos de las mujeres, por ejemplo, pueden valer unos pocos dólares a varios miles de dólares. Sin embargo, los dueños de negocios y los gerentes están limitados por factores del mercado que requieren que tomen decisiones de precios razonables. Debido a esto, la mayoría de los productos básicos que vemos en el mercado tienen precios bastante razonables, según la oferta y la demanda del mercado.

Parte de la razón por la cual las monedas

fiduciarias tienen valores estables es porque son administradas por el banco central de un país. Aquí en los EE. UU., Tenemos el Sistema de la Reserva Federal que vigila el uso y el comercio del dólar estadounidense. Cada país tiene su propia versión de un banco central.

El banco central está constantemente en un acto de equilibrio para asegurarse de que el crecimiento de la economía de un país sea manejable. Para asegurarse de que las condiciones económicas negativas, como las recesiones y las burbujas económicas, no suceda, el banco central intenta controlar a todas las instituciones financieras. También crea y administra políticas que están alineadas con los objetivos del gobierno central para impulsar el crecimiento del mercado.

Con las monedas, el banco central se encarga de crear y destruir el papel moneda. Demasiado dinero impreso en la circulación puede llevar a la inflación o al alza de los precios de los bienes y servicios en una economía. El banco central puede disminuir la inflación al administrar el número de monedas impresas en circulación.

El banco central también tiene el poder de establecer las tasas de interés que los bancos pueden imponer a sus prestatarios. Esto afecta la capacidad de las empresas para crecer. Cuando las tasas de interés impuestas por el banco central son bajas, esto lleva a las empresas a pedir prestado más dinero para hacer crecer su negocio.

Se prestan más en esta condición porque el precio del dinero prestado, las tasas de interés, es bajo. Pueden pagar fácilmente tanto el dinero prestado como las tasas de interés correspondientes con sus ganancias.

Sin embargo, cuando las tasas de interés son altas, las empresas no pueden pedir dinero prestado fácilmente porque el precio del préstamo es alto. Tomará una porción mayor de sus ganancias para pagar la cantidad principal y los intereses correspondientes de la deuda.

En un entorno económico de baja tasa de interés, se espera un crecimiento económico. Es probable que la economía crezca porque hay más efectivo en circulación. El éxito de las empresas en la obtención de beneficios se filtra a los empleados.

Sin embargo, este tipo de condiciones económicas también pueden ser inflacionarias. A medida que más personas pueden pagar los bienes y servicios en el mercado, los precios de estos bienes y servicios también aumentan. Si está sucediendo demasiado de esto, el banco central puede aumentar las tasas de interés para desacelerar la economía.

El valor de una moneda fiduciaria se ve afectado por la habilidad de los banqueros centrales para equilibrar el crecimiento de la economía. En realidad, los valores de moneda fiduciaria están determinados por actividades de mercado también conocidas como oferta y demanda. Si a la economía de un país le va bien en relación con el desempeño de las economías de otros países, más inversionistas extranjeros querrán invertir en ese país. Cuando esto sucede, la moneda de un país tiene una gran demanda. Los inversores que quieran deberán cambiar sus monedas a la moneda fiduciaria del país en el que desean invertir.

Cuando más personas quieren una determinada moneda fiduciaria, se vuelve más fuerte. Si una moneda se vuelve más fuerte, por ejemplo, se necesitarán más dólares estadounidenses para comprar una unidad.

Ahora, puedes preguntarte cómo se relaciona esto con las criptomonedas. La respuesta se encuentra en una de las características fundamentales de una criptomoneda, ya que no está administrada por ningún banco central y su valor no está ligado al valor de la economía de ningún país. Debido a esto, los valores de las criptomonedas solo dependen de la oferta y la demanda en el mercado. Nadie puede imprimir más al instante y nadie puede destruirlo cuando hay demasiado efectivo en el mercado.

En el último par de años en que las múltiples criptomonedas se han comercializado públicamente, la falta de un organismo de gestión dio lugar a fluctuaciones masivas en el precio de mercado. Es común que Bitcoin, la criptomoneda más popular, aumente su valor en unos pocos miles de dólares por unidad. Cuando las buenas noticias sobre una criptomoneda llegan al mercado, el número de compradores también aumenta, lo que lleva a un aumento en el precio.

La cultura de las redes sociales.

Internet y la cultura de las redes sociales es uno de los mayores impulsores en la compra y venta de criptomonedas. Cuando las personas ven que las personas que conocen se benefician de un determinado activo, sienten que también quieren participar en él. No todo el mundo se rinde ante este impulso. Sin embargo, este Miedo a perderse o FOMO lleva a las personas hacia el mercado de la criptomoneda.

Esto es particularmente cierto para los comerciantes de otros mercados de activos. Un operador de acciones que no está haciendo bien con su práctica en el mercado de valores, por ejemplo, podría optar por transferir parte de sus fondos para comerciar con bitcoins. Algunas personas cuyos ahorros están simplemente en el banco comienzan a tener la idea de poner una parte o la totalidad en el mercado de la criptomoneda para aumentar su valor. Las acciones colectivas de las personas que ingresan al mercado aumentan el precio de los activos que figuran en él y esto se debe principalmente a lo que las personas escuchan en las noticias.

Lo mismo es cierto cuando la gente está

pensando en comprar. Cuando las personas ya están en el mercado, siempre están pensando cuándo deberían comprar. Tienen miedo de sacar su dinero prematuramente porque no quieren perderse las posibles ganancias. Sin embargo, los inversores y comerciantes inteligentes entienden que cada minuto más de tiempo que pasan en el mercado aumenta el riesgo de perder una gran parte de sus ganancias. Para equilibrar el riesgo y las recompensas, estas personas dependen de las noticias que reciben en los medios. Realizan un seguimiento de la información sobre el mercado de criptomonedas y los cambios que posiblemente puedan afectar el precio.

Las noticias sobre estos mercados difieren

cada día y cada uno es devorado constantemente por los comerciantes y las personas que planean participar. Cuando una noticia en particular que muestra una luz positiva sobre las criptomonedas comienza a extenderse, la gente comienza a comprar criptomonedas. Un pequeño aumento en el precio de bitcoin, por ejemplo, generará muchas noticias positivas sobre el mercado. Esto, a su vez, hará que la gente piense que el mercado está volviendo a estar bien, lo que los llevará a comprar activos nuevamente. Los efectos positivos de esto en el precio continuarán alimentando el sistema hasta que se alcance el pico.

En los mercados de activos regulares, como las acciones o el mercado de materias primas, el aumento de precios generalmente se detiene cuando el mercado ha alcanzado un punto de saturación. Este es el fenómeno cuando la mayoría de los comerciantes y los inversores ya han gastado la mayor parte de los fondos que están dispuestos a poner en el mercado. Cuando se ha alcanzado este punto, los comerciantes a corto plazo comienzan a iniciar sus estrategias de toma de ganancias. Esto se traduce en una venta masiva en el mercado que hace bajar los precios.

A veces, no es necesario cumplir el punto de saturación para que se detenga una tendencia alcista del precio. La tendencia alcista del precio podría detenerse bruscamente cuando la mala prensa sobre el mercado comience a extenderse. En la venta masiva de la criptomoneda de 2018, el precio bajó justo después de las noticias sobre el endurecimiento de las políticas gubernamentales en todo el mundo. En particular, fueron las políticas en los países de Asia oriental y Asia sudoriental los que desencadenaron el evento. Corea del Sur, uno de los países más activos en el comercio de criptomonedas, fue uno de esos países. El gobierno de Corea del Sur decidió cerrar los intercambios locales de criptomonedas que supuestamente estaban involucrados en esquemas de lavado de dinero. También impusieron políticas que exigían a los titulares de cuentas de criptomoneda adjuntar sus cuentas de intercambio con sus cuentas bancarias.

Si bien las políticas en Corea del Sur pueden parecer un factor limitante en el comercio de divisas, no fueron nada en comparación con las políticas impuestas por el gobierno chino. China prohibió por completo el comercio de criptomonedas cerrando todos los intercambios locales y bloqueando el acceso a los sitios web de intercambios internacionales.

No hace falta decir que todas las noticias sobre las políticas que apuntaban a controlar e incluso detener el comercio de criptomonedas condujeron a la gran ola de ventas de 2018. Teniendo esto en cuenta, siempre debe realizar un seguimiento de todas las noticias en el mercado siempre que tenga Criptomonedas para el corto plazo. Cuando lea sobre o nuevas historias negativas sobre la criptomoneda con la que está operando, pregúntese qué tan amplia se extenderá la historia y cómo afectará la percepción del mercado.

Esto nos trae el siguiente factor que afecta la volatilidad:

Las acciones de los comerciantes.

Aunque este libro no recomienda el intercambio diario a sus lectores, no se puede negar que hay algunas personas que lo hacen por mucho tiempo haciendo esta profesión. Los comerciantes son maestros en sus técnicas de estar por delante de las personas que reciben las noticias y predicen los comportamientos de las personas en el mercado.

El comercio de criptomonedas se ha convertido en uno de los mercados comerciales más activos del mundo. La capitalización de mercado de muchas criptomonedas es una capitalización de mercado enana de muchas compañías en todo el mundo. En un lapso de un día, miles de millones de dólares en bitcoins y Ether se mueven. Muchos de los movimientos provienen de comerciantes que buscan ganancias dentro del día dentro del mercado.

Las transacciones por hora de estos comerciantes crean las fluctuaciones diarias en el mercado. Incluso después de los días posteriores a la venta masiva en enero y febrero de 2018, el mercado estaba extremadamente activo. Las personas que temían más pérdidas querían deshacerse de sus monedas. Por otro lado, las personas con una mentalidad optimista en este tiempo, compraron las enormes cantidades de monedas que ingresan al mercado a precios extremadamente bajos. En los meses que siguieron, las personas continuaron intercambiando activamente bitcoin a diario. Algunos de ellos son inversores de mediano y largo plazo que planean permanecer en el mercado a largo plazo, con el objetivo de aprovechar el próximo gran aumento de precios. Sin embargo, la mayoría son compradores y vendedores a corto plazo que se centran en las fluctuaciones diarias en el mercado.

Las actividades de estos comerciantes

individuales continuarán haciendo que el precio de las monedas más grandes fluctúe cada hora. Sin embargo, no debe permitir que estas variaciones de precios lo distraigan de su propia estrategia y objetivos. En su lugar, debe centrarse en la construcción de su cartera de monedas.

Las actividades de los comerciantes en el mercado pueden parecer afectar los precios de las criptomonedas en gran medida en este momento. Pero en el futuro, muchas de estas criptomonedas se valorarán aún más a medida que más participantes comiencen a invertir en el mercado. Cuando las monedas de capitalización más pequeña, como Ripple o Cardano, aumentan de precio de manera similar a como lo hicieron bitcoin y

Ethereum, sus movimientos de precios actuales pueden parecer insignificantes. Este posible aumento de precios ocurrirá cuando la mentalidad del mercado inversor pase de ser bajista a alcista. Una mentalidad bajista no busca comprar monedas. Después de una gran ola de ventas como las que sucedieron en 2014 y en 2018, las personas comienzan a tener una mentalidad bajista. No quieren comprar criptomonedas, lo que hace bajar los precios. Cuando la memoria de la gran ola de ventas desaparece y las noticias positivas sobre las criptomonedas comienzan a inundar las vías aéreas, ese es el momento en que la percepción del mercado comienza a cambiar de bajista a alcista.

Una mentalidad alcista se refiere a la percepción colectiva de que el mercado está bien y seguirá haciéndolo. Esta mentalidad se refleja en los comportamientos de los comerciantes y los recién llegados en el mercado. Los comerciantes experimentados utilizan el análisis técnico del precio para tratar de adivinar cuándo empezará a ocurrir. Su objetivo es aumentar su propiedad de una criptomoneda justo antes de que esto suceda. Sus acciones colectivas de comprar criptomonedas junto con las acciones de compra de los recién llegados en el mercado elevan el precio a niveles sin precedentes.

Falta de un valor intrínseco.

Una de las razones principales por las que los precios de la criptomoneda fluctúan tanto es debido a su falta de valor en el mundo real. Las monedas fiduciarias se han desarrollado con el tiempo. En la antigüedad, las monedas se creaban a partir de metales preciosos como el oro y la plata. Casi todas las civilizaciones en ese momento acordaron que estos metales preciosos tienen un gran valor debido a su apariencia y rareza únicas. Debido a esto, los reyes no dudaron en usar el oro y la plata como su material de elección para las monedas. Los comerciantes voluntariamente se vieron obligados a usar estas monedas de metal como medio de intercambio debido a su valor universal. Si un reino cae, sus monedas no pierden necesariamente todo su valor porque aún pueden usarse en otros reinos que también consideran al oro y la plata como metales valiosos. En el peor de los casos, un comerciante puede simplemente fundir las monedas de oro o plata y formar joyas para venderlas con fines de lucro.

Durante un largo período, los metales preciosos han sido utilizados como el material para las monedas. Sin embargo, algunas personas acumularon una gran cantidad de oro y plata que ya no pueden almacenar en el bolsillo e incluso en sus propias casas. Para satisfacer esta necesidad, se crearon bancos para almacenar oro, plata y otros metales preciosos. Un banco proporcionará un lugar seguro para que las personas guarden sus monedas y, a cambio, les dieron a las personas lo que ahora llamamos billetes de banco. Los billetes de banco comenzaron como trozos de papel, indicando la cantidad de monedas que una persona tenía en el banco. Cuando realizan transacciones, simplemente entregaron algunas piezas de estas notas a las personas con las que trataron y esas personas pueden intercambiar la nota por monedas reales en el banco. Así es básicamente como nacieron las transacciones en efectivo. La gente de una civilización estuvo de acuerdo en que las notas que tenían eran tan valiosas como las monedas que tenían en el banco.

Con el tiempo, la gente estaba tan

acostumbrada a usar papel moneda o efectivo que simplemente no les importaba el oro y la plata. Sin embargo, incluso en las primeras partes del siglo XX, nuestra civilización no abandonó completamente el uso del oro y la plata. Durante mucho tiempo, el valor del efectivo se basó en la cantidad de oro que tenía un país. Esto es lo que llamamos los estándares de oro. Los EE. UU. Implementaron este sistema alrededor de 1879. La Reserva Federal continuó usando el patrón oro hasta 1933.

Hoy en día, el valor del efectivo se basa completamente en la economía de su país de origen y en las políticas económicas de su gobierno. Cuando la economía de un país está en auge y sus políticas son

169

beneficiosas para los inversionistas extranjeros, más personas querrán comprar su moneda para que puedan realizar transacciones e invertir en la economía de dicho país. Esto aumenta la demanda de la moneda de este país en particular. Un aumento en la demanda resulta en un aumento en el precio de la moneda.

Tomemos, por ejemplo, el dólar estadounidense. Cuando la economía está en auge, más personas quieren venir a los EE. UU. Debido a las oportunidades que ofrece nuestro país. Estas nuevas personas que ingresan necesitan cambiar la moneda que tenían de su país de origen por dólares estadounidenses. La demanda colectiva por el dólar resulta a un aumento de precio.

Sin embargo, cuando a la economía no le va bien, los inversores quieren irse y buscar oportunidades en otros lugares. Los inversores en el país intentarán cambiar sus dólares por el próximo país en el que invertirán. Si hay una cantidad masiva de personas que venden sus dólares en el mercado, el precio del dólar disminuirá.

Sin embargo, tanto el gobierno central como el banco central trabajan juntos para asegurarse de que la fluctuación de los precios de la moneda no sea extrema. Por ejemplo, cuando el precio del dólar es demasiado alto, la central tiene la opción de imprimir más dinero. Un aumento en la oferta de efectivo en circulación tiende a tener un efecto negativo en el valor de esa moneda.

Por otro lado, si hay una disminución masiva en el precio del dólar, el gobierno central puede crear paquetes de estímulo como dar dinero a los pobres. Esto, a su vez, lleva a una mayor actividad económica que puede llevar a que los inversionistas ingresen al país.

Hay muchos otros factores que pueden afectar el precio de una moneda. El punto es que el gobierno y el banco central tienen el poder de ajustar las políticas económicas para evitar que las fluctuaciones se vuelvan extremas.

Ahora vamos a centrar nuestra atención en bitcoin y las otras criptomonedas. Una de las características principales de estas monedas es que están descentralizadas.

Esto significa que no hay un organismo regulador que tenga el poder de cambiar las políticas que rigen la criptomoneda. La única forma de aplicar los cambios es si todos los participantes en el mercado están de acuerdo con los cambios propuestos. Con millones de personas que participan en el mercado, es casi imposible obtener un consenso del 100%.

Debido a la dificultad de implementar cambios en las políticas que gobiernan las criptomonedas, ninguna persona o grupo puede influir en el valor de su valor. Esto es al menos cierto para las monedas más comercializadas.

Con las fuerzas de la oferta y la demanda aplicadas a estas monedas y la falta de un organismo de gobierno que regule su uso y gestión, no hay nadie que pueda detener las fluctuaciones masivas de los precios. Cuando los expertos dicen que el valor de una criptomoneda se triplicará en los próximos cinco años, estas afirmaciones están dentro del ámbito de las posibilidades. Sin embargo, también es una posibilidad de que el valor de una moneda baje más de un 50% en cuestión de días o semanas. Hemos visto que esto sucede con muchas monedas en la venta masiva de cripto en la primera parte de 2018.

La tasa de inflación del país de origen de su moneda fiduciaria operativa

Las tasas de inflación en un país afectan el

poder adquisitivo de su moneda fiduciaria.

Si EE. UU., Por ejemplo, está experimentando una alta tasa de inflación, esto resultará en una disminución en el valor del dólar estadounidense. Si el valor del dólar estadounidense disminuye, deberá gastar más para comprar criptomonedas. Desafortunadamente, el valor del dólar estadounidense o cualquier moneda fiduciaria también es volátil. Aunque no es tan volátil como los precios de las criptomonedas, puede fluctuar lo suficiente a diario para afectar el precio del emparejamiento de las monedas de criptomoneda a las fiduciarias.

La mejor manera de evitar que este factor afecte negativamente su cartera es evitando comprar criptomoneda en momentos en que la tasa de inflación es alta. Durante estos momentos, tendrá que gastar más de su moneda fiduciaria para comprar criptomoneda. Es más inteligente esperar a que el valor de su moneda aumente antes de comenzar a comprar criptomonedas.

También es aconsejable evitar el intercambio entre monedas fiduciarias para comerciar en el mercado de la criptomoneda. Digamos que su tarjeta de crédito está en euros. Solo debe tratar con los intercambios que utilizan el euro como su moneda operativa. No necesita cambiar sus euros por dólares estadounidenses. El intercambio entre dos monedas fiduciarias abre sus fondos de inversión a riesgos adicionales.

CAPÍTULO 5 - El lado oscuro del mercado de criptomonedas

El mundo del comercio de activos puede ser muy adictivo. Cuando los operadores seriales ven que un nuevo tipo de activo se está volviendo popular, tiende a despertar sus curiosidades. La mayoría de estos operadores seriales no quieren perder una oportunidad. Su ego y su riqueza dependen de tomar decisiones rentables.

En el pasado, fue el mercado de valores el que llamó la atención de estos operadores seriales. Después de un tiempo, la naturaleza especulativa del comercio de divisas tomó la mayor parte de su atención. Ahora, el activo financiero más nuevo en el mercado es bitcoin y las otras criptomonedas.

La afluencia masiva de comerciantes en el mercado provocó un aumento significativo de los precios en las criptomonedas el año pasado. Muchos de estos comerciantes no entran en el mercado, esperando que el precio suba. Muchos de ellos tienen planes sobre cómo impulsar los precios. En enero de 2017, cuando el precio de bitcoin estaba subiendo, los gobiernos de todo el mundo todavía no estaban preocupados. Debido a esto, hubo poca o ninguna regulación en la compra y venta de la criptomoneda. Sin leyes que regulen su comercio, atrajo la atención de muchos comerciantes con ideas maliciosas.

ICOs falsos

En 2017, hubo innumerables esquemas ilegales en torno a las diferentes criptomonedas. Uno de los esquemas más comunes utilizados fue la creación de un ICO falso. Los vendedores telefónicos llamaron a múltiples inversionistas potenciales que los invitaban a invertir en nuevas criptomonedas que duplicarían su valor en un año. Mucha gente vio que esto no era imposible en el caso de Bitcoin y Ethereum. Como resultado, muchas personas, sin saberlo, se enamoraron de tales esquemas.

Como inversor o usuario de criptomonedas, debe asegurarse de tratar solo con las criptomonedas más populares para comenzar. No sigas aventurándote a los nuevos ICO todavía. Estos estafadores son buenos en lo que hacen. Instalarán un frente convincente para convencerlo a usted y a otras personas de que sus ICO son legítimos. Es posible que tengan un sitio web con toda la información necesaria sobre su moneda. Sin embargo, al final del día, todas estas herramientas para la validación terminan siendo humo y espejos.

Asegúrese de consultar con fuentes financieras acreditadas como Investopedia o Yahoo Finance antes de proporcionar su información financiera a las ofertas iniciales de monedas. Al hacer su diligencia debida, podrá evitar estafas como estas.

Estafas de tarjetas de crédito

En muchos casos, en el último año, las personas se han enamorado de un truco que nunca funcionaría en el mundo real. El esquema va así. Una persona o un grupo de personas se hacen pasar por negocios legítimos en línea, buscando comprar bitcoins o cualquier otra criptomoneda popular.

Encontrarán compradores dispuestos que están dispuestos a abandonar algunos de sus bitcoins. Estos estafadores tendrán algunos trucos para hacer que su acto parezca creíble. En lugar de comprar todos sus bitcoins, por ejemplo, le preguntarán si solo podrían comprar la mitad porque les falta dinero. O pueden ofrecer cambiarlo por otro tipo de criptomoneda antes de aceptar que le paguen en efectivo.

Hacen todo esto para convencerlo de que son compradores legítimos que simplemente no tienen experiencia en el tema de las criptomonedas. Al final, acordarán la transacción y le darán un número de tarjeta de crédito con un pin válido para validar. Pensando que el trato está hecho, usted o cualquier otra persona que quiera obtener un beneficio de sus criptomonedas envía la moneda al comprador. Después de aproximadamente una semana, se marca la transacción con la tarjeta de crédito. La transacción bancaria se revierte porque la tarjeta de crédito ha sido reportada como robada. La información proporcionada por el comprador es falsa. Mientras que el propietario real de la tarjeta de crédito recupera su dinero, usted, por otro lado, no tiene medios para recuperar su criptomoneda. Esa es la naturaleza de una criptomoneda. Es anónimo y no se puede revertir a menos que ambas partes acuerden hacerlo.

Sin un nombre que presentar, ni siquiera se presentará un caso porque la identidad del ladrón nunca se encuentra.

Esquemas de bombeo y descarga

Aparte de los dos esquemas ilegales presentados anteriormente, el truco del comercio de acciones de bombeo y dumping también es rampante en el mercado de la criptomoneda. Si no está familiarizado con este esquema, generalmente comienza con un ICO falso o incluso uno legítimo. El factor importante es que debe ser barato para que muchas personas puedan pagarlo.

Después de elegir el ICO, el grupo del crimen organizado reúne su dinero para ponerlo todo en su moneda objetivo. Después de bombear la moneda llena de dinero, su valor comienza a subir. El grupo luego activa la segunda parte del plan, que es poner a los vendedores telefónicos en su nómina en acción. Estos vendedores por teléfono venden la criptomoneda como si fuera el siguiente bitcoin. Se venden duro y rápido, pasando de una llamada a otra hasta que obtienen la venta. Le prometen todo a la persona a la que llaman, lo que los empuja a poner todo el dinero que puedan conseguir en el mercado.

Cuando el precio de la moneda ha alcanzado su punto máximo, los miembros del grupo del crimen organizado comienzan a sacar su propio dinero de la red. Luego toman la ganancia, abandonando a todas las personas que engañaron para que compren la moneda.

Mientras sacan su efectivo del mercado, mantienen activos a sus vendedores por teléfono, y les dicen a sus inversores que permanezcan en el mercado porque las pérdidas son solo temporales. Esto asegurará que los miembros del grupo delictivo tengan tiempo suficiente para liquidar sus propios activos. En este punto, las personas que se quedan tarde en el mercado son las que perderán más dinero.

Lavado de dinero

No todos los delitos en el mercado de la criptomoneda tienen víctimas. A veces, este mercado es simplemente utilizado por personas malas para limpiar su efectivo. El efectivo adquirido por métodos ilegítimos es difícil de gastar. Si el gobierno ve que una persona que no tiene una ocupación declarada está gastando millones de dólares, comienza a sospechar.

Para evitar el escrutinio de la ley, los criminales deben ser astutos en la forma en que mueven su dinero. En el pasado, tenían que trabajar con banqueros sucios, abogados e incluso políticos para mover su dinero y legitimarlos.

Ahora, sin embargo, tienen un nuevo método para mover su dinero sin que el gobierno se dé cuenta a través de la criptomoneda. Mucho antes de que la criptomoneda se convirtiera en un éxito en el mundo de las inversiones, ya era un método de intercambio muy utilizado en el inframundo criminal. Todos los sitios web en la web oscura aceptan criptomonedas para mantener las identidades de los usuarios del sitio anónimo.

CONCLUSIÓN

El mercado de la criptomoneda y la industria en general son dinámicos. Nuevas noticias y novedades salen todos los días. Si desea participar en este mercado o industria, debe mantenerse actualizado.

Si bien los gobiernos y los inversores cautelosos pueden desconfiar de las criptomonedas, no hay duda de que es una forma revolucionaria de tecnología. No hay límite para los casos de uso de la cadena de bloques. Sin embargo, nos llevará algún tiempo darnos cuenta de su verdadero valor. Lo único seguro de las criptomonedas es que los esfuerzos de investigación y desarrollo continuarán. Se destinarán más fondos al desarrollo de nuevas tecnologías para aprovechar lo que ya sabemos. La gente continuará apoyando las monedas ya implementadas en este momento como activos de inversión. Sin embargo, esto no será un viaje suave. Habrá muchos l0sers en la subida y bajada de los precios de la criptomoneda. Sin embargo, el inteligente que haya pensado mucho en sus decisiones de inversión saldrá a la cabeza.

También está en la naturaleza de las criptomonedas atraer personalidades con propósitos ilegales. Esta es la razón principal por la cual hay un intenso escrutinio del gobierno en la tecnología. Si participa en el comercio de estas monedas, asegúrese de estar al tanto de las diferentes políticas aplicadas por los gobiernos a su uso y comercio. Si bien algunas monedas pueden tener un impacto negativo en el mercado, se convertirán en precedentes de leyes futuras que mejorarán la industria de la criptomoneda.

Después de leer este libro, intente reflexionar sobre la importancia de esta nueva tecnología y cómo desea participar en ella. La criptomoneda y la tecnología blockchain se están desarrollando. A medida que se desarrollen, abrirán nuevas oportunidades profesionales y de negocios. Al mantenerse consciente de lo que está sucediendo en el mercado y en el desarrollo de la tecnología, es posible que pueda encontrar su nicho en el mercado y ganarse la vida. Incluso puede ser capaz de ayudar a desarrollar esta nueva tecnología para que sea una fuerza de bien en la sociedad.

¡Te deseo la mejor de las suertes! Para su exito